LIDERANÇA NA GUERRA

Andrew Roberts

LIDERANÇA NA GUERRA

Grandes lições de quem fez história

TRADUÇÃO
Isa Mara Lando
Mauro Lando

Publicado mediante acordo com Viking, um selo da Penguin Publishing Group, uma divisão da Penguin Random House LLC.

A Portfolio-Penguin é uma divisão da Editora Schwarcz S.A.

Grafia atualizada segundo o Acordo Ortográfico da Língua Portuguesa de 1990, que entrou em vigor no Brasil em 2009.

TÍTULO ORIGINAL Leadership in War: Essential Lessons from Those Who Made History

CAPA E IMAGEM Carlos di Celio

PREPARAÇÃO Juliana Romeiro

REVISÃO Thiago Passos e Angela das Neves

Dados Internacionais de Catalogação na Publicação (CIP)
(Câmara Brasileira do Livro, SP, Brasil)

Roberts, Andrew
Liderança na guerra : Grandes lições de quem fez história / Andrew Roberts ; tradução Isa Mara Lando, Mauro Lando — 1ª ed. — São Paulo : Portfolio-Penguin, 2021.

Título original: Leadership in War: Essential Lessons from Those Who Made History
ISBN 978-85-8285-147-0

1. Comando de tropas - Estudo de casos 2. História militar 3. Liderança - Estudo de casos 4. Militares - Biografiaa I. Título.

21-75788 CDD-303.340922

Índice para catálogo sistemático:
1. Liderança : Comando de tropas : Estudo de casos : Sociologia 303.340922

Eliete Marques da Silva - Bibliotecária - CRB-8/93

[2021]

EDITORA SCHWARCZ S.A.
Rua Bandeira Paulista, 702, cj. 32
04532-002 — São Paulo — SP
Telefone: (11) 3707-3500
www.portfolio-penguin.com.br
atendimentoaoleitor@portfoliopenguin.com.br

Para Lew e Louise Lehrman,
meus grandes benfeitores e amigos

SUMÁRIO

INTRODUÇÃO:
O DILEMA DA LIDERANÇA

"COMO É POSSÍVEL QUE CEM PESSOAS sejam lideradas por uma só?" Essa foi uma das questões dissertativas a responder nas três horas que durou minha prova para entrar na Universidade de Cambridge, em 1981. E desde então a pergunta sempre me fascinou. Em última análise, é a arte da liderança que explica como é possível que não apenas cem pessoas, mas por vezes 100 mil, ou 1 milhão — ou, no caso da China ou da Índia, 1 bilhão — de homens e mulheres possam ser liderados por alguém, seja para o bem ou para o mal.

Este livro começou como uma série de palestras minhas sobre como as guerras exigem e revelam o melhor e o pior em um líder. Decidi examinar nove grandes líderes — grandes no sentido de importantes — e destacar os aspectos da personalidade de cada um que revelam sua capacidade de liderança. Creio que existem pontos em comum suficientes entre eles para nos dar lições essenciais de liderança que podem ser aplicadas em tempos de paz.

Tendemos a pensar em liderança como algo intrinsecamente bom; mas, como os capítulos sobre Adolf Hitler e Ióssif Stálin demonstram, ela é, na verdade, totalmente neutra em matéria de moral. É capaz de levar a humanidade para o abismo ou conduzi-la aos cumes mais ensolarados. É uma força volátil de um poder aterrorizante, e talvez um dia lamentemos ter sido possível que mesmo cem pessoas tenham sido conduzidas a qualquer lugar por um único indivíduo. Enquanto isso, tal como ocorre com as doenças fatais ou a fissão nuclear, é bem claro que precisamos compreender o poder da liderança e tentar direcioná-lo para o bem, como fizeram os líderes nos outros sete capítulos deste livro.

Cada um desses nove personagens tinha um profundo senso de autoconfiança, atributo fundamental para um grande líder de guerra. Em alguns casos, como no de Winston Churchill, isso provinha de uma linhagem familiar e uma educação que desde o nascimento destacou sua condição especial e seu direito de liderar e governar. Em outros casos, como no de Napoleão, esse atributo surgiu da percepção, quando adolescente e jovem adulto, de que possuía um notável intelecto e habilidades excepcionais. Margaret Thatcher sabia, ao chegar à maturidade, que tinha uma capacidade de liderar que os homens ao seu redor não tinham. O senso de autoconfiança de Hitler cresceu a partir do momento em que se deu conta do efeito que suas palavras de ódio e ressentimento causavam nas multidões empolgadas de ex-soldados desempregados, quando discursava nas cervejarias da Baviera, no início dos anos 1920. Os reveses não eram capazes de frustrar as esperanças desses líderes; pelo contrário, em geral serviam para fortalecê-los. Um malogro ocasional era um incidente de percurso, que em geral continha uma lição para o futuro; não era uma derrota definitiva.

Todos esses líderes também acreditavam que tinham uma tarefa a cumprir e, muitas vezes, era mais do que simplesmente vencer a guerra que estavam travando no momento. Para Stálin, era difundir o marxismo-leninismo pelo mundo; para Nelson, a total destruição dos princípios da Revolução Francesa; para Hitler, o triunfo dos povos arianos por meio da sujeição de todos os outros. Todos eles fracassaram, e também Winston Churchill em seu sonho de impedir o que chamou de dissolução do Império britânico. Mas Charles de Gaulle atingiu seu objetivo de restaurar a honra francesa após a catástrofe de 1940; Margaret Thatcher foi capaz de reverter o declínio aparentemente irreversível do Reino Unido; e Dwight Eisenhower conseguiu libertar a Europa ocidental.

O livro segue uma ordem aproximadamente cronológica, porque alguns desses líderes aprenderam com os precedentes: o fio que leva de Nelson a Churchill e a Thatcher, por exemplo, é claro, assim como o que leva de Napoleão a Churchill. Quase todos esses líderes — sendo Stálin a única exceção — leram avidamente biografias e livros de história quando jovens, e foram capazes de se posicionar no encadeamento histórico dos heróis de seus países. Até Adolf Hitler se via como um segundo Armínio, e batizou sua invasão da Rússia em homenagem a Frederico I, imperador alemão do século XII, conhecido como Barbarossa.

Ao conceder medalhas de honra, o presidente Richard Nixon observou em seu livro *Leaders* [Líderes], "quantos dos homens que as conquistaram não aparentaram ser pessoas totalmente comuns até enfrentarem, com suprema coragem, um desafio extraordinário. Sem o desafio, não teriam demonstrado sua coragem". Ele concluiu que, "nos líderes, o desafio da guerra traz à tona qualidades que podemos medir prontamente. Os desafios da paz podem ser igualmente grandes, mas nela o triunfo de um líder não é tão dramático, nem tão claramente visível". Seria quase impossível, portanto, que um primeiro-ministro de Luxemburgo, em tempos de paz, pudesse ser um líder histórico verdadeiramente grande. Esse talvez seja um comentário melancólico sobre a condição humana, mas assim é.

1.
Napoleão Bonaparte
1769-1821

EM 13 DE JUNHO DE 1793, uma quinta-feira, um jovem tenente de artilharia de 23 anos e físico esguio pisou em terra no porto de Toulon, no sul da França, escapando de um turbilhão político em sua ilha natal, a Córsega. Napoleão Bonaparte era um refugiado sem um tostão, quase sem amigos, com mãe e seis irmãos para sustentar. No entanto, em seis anos, tornou-se primeiro cônsul e ditador da França, e cinco anos depois disso, imperador dos franceses. Logo em seguida, fez da França, indiscutivelmente, a nação mais poderosa do continente europeu. Como ele conseguiu?

Em parte, a explicação é, sem dúvida, a sorte: Napoleão teve a boa fortuna de ter dezenove anos quando a Revolução Francesa eclodiu, permitindo-lhe subir nas fileiras do Exército francês e tornar-se general com apenas 24 anos; e isso aconteceu também porque os aristocratas que até então eram os oficiais haviam fugido do país ou sido guilhotinados. Ser descendente de uma família nobre na Córsega bastou para que ele fosse educado gratuitamente na França pré-revolucionária, mas não foi suficiente para colocá-lo na carroça dos condenados à guilhotina.

Além da sorte, Napoleão tinha um apurado senso de *timing* político e militar, e era absolutamente impiedoso — em 1795, dispôs-se a matar trezentos franceses que tentavam iniciar uma insurreição nas ruas de Paris. Mas, em última análise, seu sucesso decorreu de suas técnicas de liderança, que lhe permitiram tornar-se, nas palavras de Winston Churchill, "o maior homem de ação nascido na Europa desde Júlio César".[1]

A referência a César era pertinente, porque as técnicas de liderança de Napoleão foram cuidadosamente copiadas de seus heróis da Antiguidade. Napoleão foi um ávido leitor desde a infância e devorou biografias históricas e militares, primeiro na grande biblioteca do pai, na Córsega, e depois nas três academias militares francesas em que estudou desde os nove anos de idade. Ele acabou vendo a si mesmo como descendente direto, pelo menos em termos de liderança imperial europeia, de Júlio César e Alexandre, o Grande. Na maioria das pessoas isso seria um claro caso de desordem psicológica, mas hoje Napoleão é de fato visto como um dos sete clássicos grandes comandantes da história, ao lado de Alexandre, César, Aníbal, Gustavo Adolfo, Frederico, o Grande, e do primeiro duque de Marlborough.

Napoleão tinha uma capacidade extraordinária de inspirar os soldados de sua "La Grande Armée" — o Grande Exército —, a tal ponto que seus homens estavam dispostos a segui-lo, literalmente, aonde quer que ele fosse. Foi dessa forma que acabaram por cruzar as areias dos desertos do Egito, entrar em quase todas as capitais da Europa e percorrer as enormes extensões gélidas da Rússia. "Ninguém que não tenha vivido essa experiência pode fazer ideia do entusiasmo que irrompia entre os soldados, famintos e exaustos, quando o imperador aparecia em pessoa", recordou um sargento francês, falando da Batalha de Leipzig, em 1813. "Se todos estavam desmoralizados e ele chegava, sua presença era como um choque elétrico. Todos gritavam 'Viva o imperador!' e avançavam cegamente rumo ao fogo da batalha."[2] Não admira, portanto, que Wellington considerasse que a mera presença de Napoleão no campo de batalha equivalia a 20 mil homens.

Napoleão percebeu que a melhor maneira de inspirar os soldados era imbuir as pessoas da crença de que estavam lutando por honra e ideologia, e recompensar o trabalho bem feito. "Na minha opinião, os franceses não se importam com a liberdade e a igualdade; eles têm apenas um sentimento: a honra", disse ele. Abordando um lado mais prático, acrescentou que "o soldado exige glória, distinção, prêmios".[3] Assim, recompensava generosamente seus soldados mais corajosos com medalhas, pensões, promoções, terras e títulos.

A meritocracia foi uma das maiores invenções da Revolução Francesa, liberando o talento de toda uma geração, até então refreada pelo rígido sistema de classes do Antigo Regime. Antes de 1789, por muitos séculos, um francês dificilmente poderia subir na escala social muito além da posição de seu pai e seu avô; mas, subitamente, a meritocracia permitiu que pessoas talentosas chegassem ao ápice da sociedade. Dos 26 marechais do Primeiro Império nomeados por Napoleão, dez haviam galgado as fileiras militares, incluindo o filho de um tanoeiro (Michel Ney), um curtidor (Laurent Saint-Cyr), um oficial de justiça (Claude Victor Perrin), um cervejeiro (Nicolas Oudinot), um camponês (Édouard Mortier), um moleiro (François Lefebvre), um estalajadeiro (Joachim Murat), um criado de casa (Pierre Augereau) e um lojista-contrabandista (André Masséna). Na verdade, poderíamos acrescentar mais um nome, pois, embora Jean Sérurier se orgulhasse de que o pai trabalhava a serviço do rei, seu cargo era, na verdade, o de apanhador real de toupeiras. Graças ao seu brilhante desempenho no campo de batalha, todos os marechais, exceto um, foram nomeados duques, e vários se tornaram também príncipes. Murat se tornou rei de Nápoles, e Jean-Baptiste Bernadotte, rei da Suécia. Atribuído a Napoleão, um adágio dizia que todo soldado carregava em sua mochila o bastão de um marechal da França. Algo assim seria inimaginável antes da Revolução, e explica, em parte, a determinação das outras potências europeias para tentar esmagar a França revolucionária e, depois, a França napoleônica.

Napoleão acreditava firmemente no princípio de recompensar as pessoas por um bom serviço. Ele inventou a Legião de Honra para premiar tanto soldados como civis do seu Primeiro Império, realçando sua convicção de que a honra era o sentimento principal que motivava os homens, pelo menos os soldados. Por exemplo, em 1809, após o ataque bem-sucedido à cidade de Landshut, na Baviera, ele perguntou ao coronel da 13ª Infantaria Leve quem havia sido o homem mais corajoso da unidade. O coronel hesitou, achando que provocaria inveja escolher um indivíduo em especial entre todos, num refeitório de oficiais cheio de heróis; Napoleão então dirigiu a pergunta aos oficiais, que também ficaram em silêncio. Finalmente, um capitão idoso respondeu que fora o tambor-mor quem demonstrara a maior coragem ao invadir a cidade. "O senhor foi designado como o mais corajoso em um regimento de homens corajosos", disse Napoleão ao tambor-mor, sob os aplausos dos homens, e no ato nomeou-o cavaleiro da Legião de Honra.[4] Após a Batalha de Ratisbon, um veterano pediu a Napoleão a cruz da Legião de Honra, alegando ter lhe dado uma melancia em Jaffa, na campanha da Síria, "quando fazia um calor terrível". Napoleão se recusou a aceitar um pretexto tão insignificante, ao que o veterano acrescentou, indignado: "Bem, então o senhor não está considerando sete ferimentos recebidos na ponte de Arcole, em Lodi e Castiglione, nas pirâmides, em Acre, Austerlitz e Friedland; onze campanhas na Itália, no Egito, na Áustria, na Prússia, na Polônia...!", ao que o imperador, rindo, o interrompeu e também o fez cavaleiro da Legião de Honra, com uma pensão de 1200 francos, afixando a cruz no peito do homem no mesmo instante.

Quando Napoleão testemunhava um ato especial de bravura, ocasionalmente tirava do uniforme a própria medalha da Legião de Honra e a presenteava ao homem em questão. Pode-se imaginar o orgulho que tal gesto dava ao soldado, provavelmente por toda a vida, e a inveja, ainda mais útil, que despertava entre seus camaradas, ansiosos por um semelhante sinal de aprovação do imperador. "Era por gestos de intimidade desse tipo que o imperador fazia com que os soldados o adorassem", observou o general Marbot, "mas era um meio disponível apenas para um comandante a quem as vitórias frequentes haviam tornado ilustre: qualquer outro general teria prejudicado sua reputação se fizesse isso."[5]

Diferentemente de certos comandantes, como o duque de Wellington, que considerava a maioria de seus homens como, nas próprias palavras, "a escória da Terra" (embora sem menosprezar suas capacidades guerreiras), Napoleão gostava, genuinamente, da companhia dos soldados. Demonstrava uma abertura quase democrática que o tornava querido de seus homens. Contanto que não fossem rudes, eles tinham permissão para chamá-lo diretamente das fileiras da tropa, lhe fazer perguntas e lhe pedir favores.

Obviamente, nem todos os pedidos podiam ser atendidos, e o impacto diminuiria se todos fossem satisfeitos. Nem todos podiam ganhar prêmios. O camareiro de Napoleão, Louis-François de Bausset, recordou como o imperador "ouvia, fazia perguntas e decidia imediatamente; se fosse uma recusa, os motivos eram explicados de maneira a amenizar a decepção".[6] Durante uma campanha, um soldado o procurou pedindo um uniforme novo, mostrando o casaco esfarrapado. "Não, nada disso", respondeu ele, "não seria bom, de modo algum. Isso impediria que seus ferimentos aparecessem."[7] É impossível conceber tal facilidade de acesso imediato ao comandante em chefe nos Exércitos legitimistas da Prússia, da Áustria ou da Rússia, mas na França pós-revolucionária era uma maneira útil de manter Napoleão em contato com as necessidades e preocupações de seus homens.

Ele sempre lia as petições de soldados e civis e concedia o máximo que podia, dentro dos limites do orçamento francês. Como primeiro cônsul, nos desfiles de inspeção no Jardim das Tulherias — que podiam durar até cinco horas —, ele perguntava detalhes minuciosos sobre a alimentação dos homens, seus uniformes, sua saúde, o alojamento, as diversões, as panelas, os cantis de conhaque e a regularidade do pagamento do soldo, e fazia questão de que lhe dissessem a verdade. (Tinha obsessão pelo estado dos sapatos e das botas dos soldados, ao longo de toda a carreira; seu Exército, como se sabe, marchou enormes distâncias por toda a Europa.) "Não escondam de mim nenhuma das suas necessidades", disse à 17ª Meia-Brigada. "Não suprimam nenhuma queixa que tenham que fazer de seus superiores. Estou aqui para fazer justiça a todos, e a parte mais fraca tem direito especial à minha proteção."[8] A premissa de que "Le Petit Caporal" (O Pequeno Cabo, em referência à sua baixa estatura) estava do lado deles contra os *gros bonnets* (os "cartolas") vigorava em todo o Exército. "Dê muita atenção aos soldados e cuide deles em detalhes", ordenou Napoleão em 1803 ao marechal Marmont, cuja divisão estava em Utrecht.

> Quando o senhor chegar ao acampamento pela primeira vez, coloque os batalhões em formação e fique oito horas seguidas passando em revista os soldados, um por um; ouça suas reclamações, inspecione suas armas e garanta que não lhes falte nada. Há muitas vantagens em dedicar de sete a oito horas a essas revistas de tropa; o soldado se acostuma a estar armado e a postos; ele tem, assim, uma prova de que o comandante está lhe dando atenção e cuidando dele em todos os detalhes; para o soldado isso é uma grande motivação, que lhe inspira confiança.[9]

Napoleão consolidou sua popularidade aos olhos de seus homens fazendo todo o possível para cuidar deles quando estavam feridos ou doentes. Os horrores dos hospitais militares do final do século XVIII nunca estavam longe da mente dos soldados, e Napoleão dava atenção aos pedidos de seus médicos, pelo menos segundo os padrões da época, geralmente baixos. Em 1812, o conde Philippe de Ségur, seu ajudante de ordens, observou que "se por acaso ele encontrava um comboio de feridos, ele os detinha, informava-se pessoalmente de sua condição, de seus sofrimentos, das batalhas em que haviam sido feridos e nunca deixava de consolá-los com suas palavras ou compartilhar com eles o que tinha".[10]

"O tom que os oficiais, e por vezes até os soldados, assumiam para se dirigir ao chefe do governo seria indecente em qualquer outro país", lembrou o barão Von Odeleben, comandante da cavalaria saxã,

> mas esse não era o caso dos franceses, cujo caráter é por natureza veemente. Um oficial a quem Napoleão talvez tivesse reprovado o

fracasso de alguma ação poderia ser visto no desfile, montado em seu cavalo, se defendendo na presença de cem pessoas, incluindo generais e outros oficiais, com uma vivacidade e gesticulação que provocavam até um certo alarme. Mas Napoleão não tomava conhecimento de atos presunçosos como esse e permanecia calado.[11]

Em certa ocasião, na campanha extremamente dura de 1813, na Alemanha, quando Napoleão se queixou ao general Horace Sebastiani que este comandava "uma gangue, não soldados", Sebastiani o contradisse categoricamente, no que foi apoiado pelo general Jacques Macdonald, "e os dois juntos conseguiram reduzir o imperador ao silêncio, enquanto [o marquês de] Caulaincourt, para evitar a desgraça desse acontecimento, implorava a todos os presentes que partissem".[12] Napoleão reconheceu que tinha ido longe demais e se absteve de agir como um ditador na frente de seus comandantes mais graduados. Se fosse necessário algum incidente para jogar por terra a ideia ridícula de que Napoleão era semelhante a Hitler, este bastaria. Uma tal resposta ao Führer por parte de subalternos não seria permitida sequer por um momento, e a retaliação teria sido rápida e profundamente desagradável.

Napoleão puxava as orelhas dos soldados (às vezes de forma bem dolorosa), falava com eles brincando, relembrava incidentes e lhes perguntava constantemente sobre suas condições de serviço. Seu princípio básico era "Severo com os oficiais, bondoso com os homens".[13] Isso decorria, em parte, de saber que os soldados viam que ele parecia gostar mais deles que dos oficiais, e decerto apreciavam isso; mas vinha também do fato de que, desde a Revolução, o Exército era composto pelos cidadãos em armas — criado pela *levée en masse* (recrutamento obrigatório) —, portanto, os soldados comuns tinham muito mais influência política do que antes de 1789; era deles que seu poder político dependia, em última análise. Assim, Napoleão era sincero no que dizia e se esforçava para garantir que as necessidades de seus homens fossem atendidas. Quando se interrompia uma marcha de campanha para o almoço, ele e seu chefe de gabinete, o marechal Alexandre Berthier, convidavam os ajudantes de campo e auxiliares para sentar-se à mesa com eles. Bausset recorda a prática como "uma verdadeira festa para todos nós".[14] Napoleão também sempre fazia questão de que o mesmo vinho da sua mesa fosse servido às sentinelas que guardavam sua porta. Eram pequenas coisas, talvez, que lhe custavam pouco, mas eram profundamente apreciadas e inspiravam uma devoção perene entre os velhos *grognards* (veteranos, ou "resmungões").

Napoleão tinha uma memória vastíssima para rostos e nomes. Era altamente lisonjeiro para seus soldados que o imperador os reconhecesse e os chamasse à parte, relembrando batalhas passadas e lhes fazendo perguntas constantemente. E essa familiaridade nunca lhes inspirava desprezo, apenas lealdade. Obviamente, um bom trabalho de equipe ajudava Napoleão a "reconhecer" cada um dos *resmungões* nas fileiras; mas ele também se valia de sua memória fenomenal. "Apresentei a ele três deputados parlamentares da região de Valais", lembrou Jean-Antoine Chaptal, ministro do Interior de Napoleão, em suas memórias:

> Ele perguntou a um deles sobre suas duas filhinhas. O deputado me disse que só tinha visto Napoleão uma vez, ao pé dos Alpes, a caminho [da Batalha] de Marengo. Problemas com a artilharia, acrescentou o deputado, obrigaram Napoleão a parar por um momento, casualmente, em frente à sua casa; ele afagou as duas menininhas, montou em seu cavalo e partiu; desde então, ele nunca mais o vira.[15]

O incidente ocorrera dez anos antes.

A memória excepcional de Napoleão alcançava sua máxima utilidade quando se tratava de assuntos militares. Em 1812, ele ditou o ordenamento total da guerra ao general Mathieu Dumas, intendente geral do Exército (e avô do romancista Alexandre Dumas), o que incluía todos os postos de alistamento para os recrutas e a força efetiva de todo o corpo do Exército. "Ele andava rapidamente para lá e para cá, ou então ficava parado diante da janela do seu gabinete" durante meia hora, lembrou Dumas, e então "ditava com tal rapidez que eu mal tinha tempo de anotar os números". Dumas finalmente levantou a vista e se deu conta de que o imperador havia realizado essa tarefa formidável sem nenhuma consulta à tabela de anotações que recebera. "O senhor pensou que eu estava lendo a sua tabela", disse Napoleão. "Não quero essa tabela; eu a sei de cor. Vamos em frente."[16]

Dumas também ficava impressionado com a capacidade intuitiva do imperador para prever como as campanhas iriam se desenvolver, uma qualidade extremamente importante em qualquer líder militar. Em outubro de 1800, Napoleão falou com Dumas sobre seus planos de atacar os austríacos no Tirol, dizendo-lhe, enquanto examinavam juntos um mapa gigantesco dos Alpes, desde o Reno até o rio Adige:

> Vamos privá-los, e quase sem lutar, dessa imensa fortaleza que é o Tirol; devemos manobrar pelos flancos e ameaçar seu último ponto de retirada; então eles vão imediatamente evacuar todos os vales mais ao norte. [...] Vejo bem que há dificuldades aqui, provavelmente maiores do que em qualquer outro ponto da cadeia dos Grandes Alpes. Mas estou convicto de que não há agruras no globo terrestre que um homem não possa superar. Diga a[o general] Macdonald que um exército sempre pode passar, em

> qualquer estação do ano, onde quer que dois homens consigam pôr os pés. [...] Não é pela força numérica de um exército, mas sim pelo objetivo, pela importância da operação, que vou medir a força do comando.[17]

As proclamações regulares de Napoleão e suas Ordens do Dia davam grande inspiração às tropas. Eram redigidas num estilo clássico que soa floreado aos ouvidos modernos, até mesmo excessivo, mas que na época soava majestoso, especialmente quando os textos eram lidos em volta da fogueira pelos oficiais para os soldados rasos, a maioria analfabetos. "Soldados! Do alto dessas pirâmides, quarenta séculos vos contemplam", foi sua famosa declaração na manhã da Batalha das Pirâmides, em 1798.[18] No dia seguinte à Batalha de Abensberg, no início da campanha de 1809 contra o Império Habsburgo, ele disse aos homens: "O fogo do Céu, que castigou os ingratos, os injustos e os desleais, atacou o Exército austríaco".[19]

Muitas vezes, as proclamações e os comunicados (*bulletins*) não eram literalmente verdadeiros, pois Napoleão os utilizava para propaganda, e com certeza não continham nenhum dado numérico confiável. "Mentir como um *bulletin*" virou até uma expressão no idioma francês; mas esses exageros eram considerados normais, assim como a pintura de Jacques-Louis David mostrando Napoleão num cavalo empinado atravessando os Alpes também não era para ser considerada historicamente precisa. A licença artística era tão evidente nas proclamações inspiradoras quanto na própria arte.

Napoleão sabia motivar seus homens verbalmente, tal como fez num discurso aos granadeiros, incentivando-os a enfrentar o fogo austríaco quando estavam prestes a atacar a longa e estreita ponte sobre o rio Adda, na Batalha de Lodi. Foi a primeira campanha em que atuou como comandante em chefe;

e mais tarde disse, recordando a ocasião: "É preciso falar para a alma; é a única maneira de eletrizar os homens".[20] Em 1807, na campanha de Eylau-Friedland, Napoleão discursou ao 44º Regimento de Linha, dizendo: "Seus três batalhões parecem seis aos meus olhos!", e os homens bradaram em resposta: "E nós vamos provar isso!".[21] Essa era a expressão clássica do conceito de *esprit de corps*, também conhecido na época como "Fogo Sagrado" — ou "fúria francesa", pelos inimigos —, e que pode ser resumido na palavra "elã".

Uma boa maneira de falar para a alma e eletrizar os homens era acrescentar palavras de glória às honras do regimento depois dos confrontos em que haviam se sobressaído. Na campanha da Itália, por exemplo, Napoleão deu a determinados batalhões a oportunidade de se destacar no desfile militar. Em março de 1797, ele aprovou o direito da 57ª Meia-Brigada de bordar com fio de ouro em seus estandartes as palavras "A TERRÍVEL 57ª MEIA-BRIGADA, QUE NADA PODE DETER", devido à sua coragem nas batalhas de Rivoli e La Favorita, na Itália. Tais apelidos bordados nos estandartes de certos regimentos — como "LES INCOMPARABLES" (a 9ª Cavalaria Ligeira) — mostravam como Napoleão compreendia fundamentalmente a psicologia dos soldados comuns e o poder do orgulho que sentiam de pertencer ao seu regimento.[22] O 18º Regimento de Linha foi chamado "LES BRAVES" por sua atuação em campo na Batalha de Aspern-Essling, coragem que tornou a demonstrar depois várias vezes, especialmente em Borodino. Em 1809, o 84º Regimento de Linha recebeu o apelido de "UN CONTRE DIX" ("Um Contra Dez") por derrotar um batalhão de rebeldes tiroleses estimado em dez vezes o seu contingente. É claro que qualquer soldado de qualquer exército, ao longo da história humana, haveria de se entusiasmar com a mínima distinção que o elevasse acima dos demais.

Contudo, Napoleão também podia ser duro com seus homens. Um líder precisa compreender a psicologia das massas, e ele entendeu que ocasionalmente a vergonha pode funcionar quase tão bem quanto derramar elogios e recompensas às tropas. "Soldados do 39º e do 85º Regimento de Infantaria", disse certa vez a duas unidades do Exército francês que serviam na Itália (conhecidas como "Exército da Itália") e que haviam batido em retirada durante uma batalha, em 1796:

> Os senhores não estão mais à altura de pertencer ao Exército francês. Não demonstraram nem disciplina nem coragem; permitiram que o inimigo os desalojasse de uma posição em que um punhado de homens corajosos poderia ter detido o avanço de um exército. O chefe do Estado-Maior fará com que sejam inscritas estas palavras nas suas bandeiras: "Estes homens não pertencem mais ao Exército da Itália".[23]

Com seu agudo senso do que poderia energizar ou desmoralizar uma unidade, Napoleão avaliou, corretamente, que a humilhação pública garantiria que as duas meias-brigadas passariam a lutar com mais ardor e determinação nas próximas batalhas, para recuperar a reputação. Ele sabia que isso só daria certo se elas tivessem um senso coletivo de identidade própria — o que sempre foi o principal objetivo da meia-brigada, assim como era o do regimento no Exército britânico.

Napoleão havia aprendido essa lição de liderança com Júlio César. Em suas reflexões sobre as guerras de César, ele relata a história de um motim em Roma no qual este concordou, laconicamente, com os pedidos de seus soldados de serem liberados do serviço militar, mas depois se dirigiu a eles, com um mal dissimulado desprezo, apenas como "cidadãos", e não "soldados" ou "camaradas", como de hábito; e "finalmente, o resultado dessa cena dramática foi obter a continuação dos serviços desses homens".[24]

Napoleão ordenou que a Grande Armée fosse glorificada em peças de teatro, canções e árias de ópera, proclamações, que se criassem festivais em sua honra, se realizassem cerimônias e se distribuíssem estandartes e medalhas. Desenhou uniformes gloriosos para o seu Exército, para incentivar o espírito, diferenciar as unidades de longe e impressionar o sexo oposto. ("Raramente se reuniu um grupo de guerreiros mais coloridos em uma única geração, exército ou país", escreveu o historiador dr. David Chandler.)[25]

Napoleão compreendia instintivamente o poder dos símbolos e o que os soldados desejavam.[26] Acima de tudo, pelo menos até a Batalha de Aspern-Essling, em 1809, ele lhes deu aquilo que eles mais desejavam: a vitória. No entanto, mesmo quando as coisas correram mal, o Exército de Napoleão permaneceu leal a ele por muito mais tempo do que qualquer outro órgão da sociedade francesa.

O general Antoine-Henri de Jomini, historiador militar suíço que durante as Guerras Napoleônicas serviu tanto no Exército francês quanto no Exército russo, ficou impressionado com a maneira como Napoleão entendeu "que é necessário nunca inspirar demasiado desprezo pelo inimigo, porque o moral do soldado pode ficar abalado se encontrarmos uma resistência obstinada".[27] Em vez disso, Napoleão reconhecia abertamente o valor das unidades inimigas, elevando assim o moral das tropas quando conseguiam vencê-las. Na campanha de 1806 contra a Prússia, falando a uma divisão francesa, Napoleão louvou a cavalaria inimiga, embora com o cuidado de prometer que "ela nada poderia fazer contra as baionetas dos meus egípcios!".*[28]

---

* Napoleão se referia a seus veteranos que haviam lutado no Egito.

Também elogiava os generais inimigos que desprezava e ignorava os que admirava, na esperança de que os maus fossem promovidos e os bons demitidos. Na campanha da Itália de 1796-7, ele reconheceu que o marechal de campo József Alvinczi era o melhor general que havia na Áustria, motivo pelo qual ele nunca o mencionava em seus *bulletins*, enquanto elogiava os generais Johann Beaulieu e Dagobert von Wurmser e o arquiduque Carlos de Habsburgo, homens que ele sabia que podia derrotar. Em suas proclamações e Ordens do Dia, também demonstrava grande respeito pelo general Giovanni di Provera, a quem no íntimo considerava o pior de todos.

Os elogios aos seus próprios homens não se dirigiam apenas aos soldados rasos. "Minha confiança no senhor é tão grande quanto meu apreço pelos seus talentos militares", escreveu certa vez ao marechal Bessières, "pela sua coragem e por seu amor à ordem e à disciplina".[29] De modo geral, porém, era muito mais duro com os marechais e oficiais superiores do que com os soldados rasos, e no final da carreira passou a temer, e com razão, que seu desprezo tivesse refreado a capacidade dos marechais de agir com independência. "Eu os acostumei demais a saber apenas obedecer", queixou-se, em 1813.[30]

A extraordinária capacidade de trabalho de Napoleão provinha, em grande parte, do seu poder de compartimentar a mente e pôr toda a sua concentração no problema à sua frente, excluindo todo o resto. "Diferentes assuntos e diferentes eventos estão dispostos na minha cabeça como num armário", disse, certa vez. "Quando desejo interromper uma linha de pensamento, fecho essa gaveta e abro outra. Desejo dormir? Simplesmente fecho todas as gavetas, e lá estou eu dormindo."[31]

Tinha, no entanto, relativamente pouco tempo para dormir, trabalhando em geral até dezoito horas por dia. Utilizava todos os momentos que conseguia encontrar, gastando no máximo meia hora numa refeição e pedindo para alguém ler os jornais em voz alta enquanto tomava banho e fazia a barba. Algumas de suas 22 amantes reclamaram do pouco tempo que ele passava nas preliminares; e, quando encontrava funcionários públicos, era excepcionalmente direto com eles. "Como estamos com o Arco do Triunfo?", perguntava ao arquiteto. "Vou passar pela ponte de Jena quando voltar?"[32]

Um aspecto da liderança de Napoleão que se mostrou essencial, especialmente nas retiradas e derrotas da última parte de seu reinado, foi a calma colossal que demonstrava quando sob pressão. "Levei anos para cultivar meu autocontrole, para impedir que minhas emoções se traíssem", disse, em 1813.

> Até pouco tempo atrás, eu era o conquistador do mundo, comandando o maior e melhor Exército dos tempos modernos. Agora isso tudo se foi! Pensar que mantive toda a minha compostura — posso até dizer que conservei meu estado de espírito invariavelmente alto. [...] No entanto, não pensem que meu coração é menos sensível que o de outros homens. Sou um homem muito bondoso, mas desde a tenra juventude me dediquei a silenciar esse sentimento, essa corda que vibra no meu interior, que agora jamais entoa um som sequer. Se pouco antes de eu começar uma batalha alguém me dissesse que minha amante, a quem eu amava loucamente, estava dando seu último suspiro, isso me deixaria impassível. No entanto, minha dor seria tão grande como se eu tivesse cedido a ela... e depois da batalha eu lamentaria a morte de minha amante, se tivesse tempo. Sem todo esse autocontrole, creem que eu poderia ter feito tudo o que fiz?[33]

Esse autocontrole permitiu que Napoleão tivesse tiradas de humor durante as batalhas de Marengo, na Itália, em 1800, e de Wagram, na Áustria, em 1809, mesmo com uma saraivada de balas voando ao seu redor.

Para alcançar o sucesso no campo de batalha, ele não precisou inventar novas estratégias e táticas para o Exército francês. Em vez disso, adaptou brilhantemente as novas ideias de outros para as guerras que tinha que travar. Formações táticas como o *batalion carré* (batalhão quadrado) e *ordre mixte* (ordem mista) eram conceitos de pensadores militares franceses no período posterior à derrota da França na Guerra dos Sete Anos, assim como o sistema de "corpos do Exército", que Napoleão aperfeiçoou para movimentar de 20 mil a 40 mil homens com excepcional eficácia durante as campanhas. De 1812 (quando foi adotado também pelos inimigos de Napoleão) até 1945, esse sistema permaneceu um elemento básico nas guerras na Europa. Um líder não precisa necessariamente ter boas ideias originais, mas precisa ser capaz de identificar e diferenciar as boas ideias das más, e adotar e adaptar as primeiras.

Uma das características de Napoleão — pelo menos em suas primeiras campanhas — era a velocidade, exatamente como foi o caso com Júlio César e também com as forças armadas alemãs em 1940-1. "*Activité, activité, vitesse!*" (Ação, ação, velocidade!), Napoleão ordenou a seu general André Masséna.[34] Sempre que possível, tentava evitar cercos longos (uma das características das guerras nos séculos XVII e XVIII), subsistir com os produtos locais e, um ponto crítico, manter a iniciativa. Em 1805, o uso dos corpos do Exército lhe permitiu mover a Grande Armée de suas bases no litoral do canal da Mancha até Ulm, às margens do rio Danúbio, em questão de semanas, com essa manobra superando completamente o inimigo austríaco. Em 1812, no entanto, a Grande Armée havia crescido demais para esse tipo de campanha relâmpago. O Exército com o qual Napoleão invadiu a Rússia tinha 615 mil homens — a população de Paris, aproximadamente. Os generais entraram na Rússia em suas carruagens particulares, levando seus trajes de gala, chefs de cozinha, serviços de porcelana e assim por diante. Os dias das arremetidas rápidas e da flexibilidade tática no ataque, como se vira na campanha da Itália de 1796-7, tinham terminado; nesse sentido, a derrocada final de Napoleão foi resultado de seu sucesso inicial sem precedentes.

O que também se viu na Itália foi o cruel aniquilamento por Napoleão da resistência ao seu domínio, especialmente em Pavia, em 1796. Por vezes os grandes líderes precisam ser absolutamente impiedosos, como Oliver Cromwell em 1649 em Drogheda e Wexford; o almirante Nelson em Nápoles em 1799; e Winston Churchill e o presidente Roosevelt durante a Ofensiva Combinada de Bombardeiros, na Segunda Guerra Mundial. Para Napoleão, o "cheiro da metralha" em Paris, em 1795, a pacificação sangrenta de Pavia e, sobretudo, a punição de Jaffa, em 1799 — quando mandou massacrar cerca de 3 mil prisioneiros de guerra turcos a bala e a baioneta, na praia próxima à cidade —, foram os momentos em que ele apelou ao uso de puro terror para vencer a campanha e atemorizar as populações locais, para que não lhe oferecessem resistência. Mesmo demonstrando atenção e consideração ao cuidar do próprio Exército, ele foi capaz, em breves e isoladas ocasiões, de recorrer a táticas de terror. Esses casos quase sempre refletiam negativamente contra o Exército francês, em especial na Espanha, durante a Guerra Peninsular, quando motivaram a tortura generalizada dos soldados franceses capturados. No entanto, a crueldade demonstrada por Napoleão dependia das circunstâncias, e certamente não fazia parte do espírito de seu governo — ao contrário por exemplo do que foi para Stálin o massacre de milhões de pessoas.

Em retrospecto, a decisão de Napoleão de invadir a Rússia em 1812 parece desastrosa, mas foi muito mais racional do que julgamos, se analisarmos a campanha catastrófica a partir de uma perspectiva histórica. Napoleão já havia derrotado os russos duas vezes, nas campanhas de Austerlitz, em 1805, e de Eylau-Friedland, em 1807. Queria empreender apenas uma campanha breve e precisa na fronteira da Rússia, e nunca teve a intenção de penetrar nas profundezas do país, muito menos chegar até Moscou. Seu Exército tinha mais que o dobro do tamanho do Exército russo no início da campanha; foi, de fato, a maior força de invasão da história da humanidade até aquele momento, compreendendo uma coalizão excepcionalmente ampla de nada menos que 21 países aliados. A doença que dizimou grande parte da coluna central da invasão — o tifo — só foi diagnosticada em 1911. Além disso, não é verdade que ele ignorava o rigor do inverno russo. Napoleão, homem altamente inteligente e de muita leitura, estudara a desastrosa campanha do rei Carlos XII da Suécia, tal como relatada por Voltaire; portanto, planejava levar mais tempo para voltar de Moscou a Smolensk do que para ir de Smolensk a Moscou.

Poderia ter parado em Vitebsk ou em Smolensk a caminho da Rússia, mas parecia fazer pouco sentido parar em Vitebsk em julho, quando já tinha avançado 305 quilômetros em um mês e sofrido menos de 10 mil baixas em combates. A audácia sempre lhe servira bem até então, e, se parasse ali ainda em julho, cederia a iniciativa ao inimigo. O tsar Alexandre I tinha convocado uma milícia de 80 mil homens em Moscou, em 24 de julho, e estava armando 400 mil servos; portanto, fazia sentido atacar antes que estes fossem treinados e mobilizados. Murat também chamou a atenção para o fato de que o moral dos russos deve ter sido profundamente abalado pelas repetidas retiradas; o povo devia se perguntar quanto território russo o tsar suportaria ver devastado até pedir a paz. Napoleão não poderia saber que o tsar havia declarado em São Petersburgo que nunca pediria a paz, dizendo: "Prefiro deixar a barba crescer até a cintura e ir comer batatas na Sibéria".[35]

Todas essas eram atitudes lógicas, não o resultado da arrogância insana de que Napoleão é regularmente acusado.* Sem dúvida, ele cometeu um erro fundamental ao escolher a rota para a retirada do Exército após a Batalha de Maloyaroslavets, no final de outubro de 1812, mas isso não deve nos levar a pensar que toda a campanha da Rússia estava condenada assim que ele cruzou o rio Neman, em junho.

A carreira de Napoleão — do cerco de Toulon, em 1793, até o desastre de Waterloo, em 1815 — está repleta de lições de liderança, várias das quais aparecerão também na carreira de outros líderes neste livro. Em Toulon, ele aprendeu a não ter medo de assumir o controle, mesmo tirando-o de oficiais mais velhos, mais graduados e mais experientes, pois sabia que tinha o apoio do comandante-geral. Ele dominou a arte de trabalhar com colegas próximos em um ambiente de cooperação mas, necessariamente, competitivo. Na Batalha de Arcola, em 1796, Napoleão aprendeu como controlar a mensagem, descobrindo que aquilo que realmente aconteceu em geral não é tão importante quanto aquilo que as pessoas pensam que aconteceu. Uma confusão em torno de uma ponte se trans-

* Embora exista, sem dúvida, um distúrbio psicológico que é o complexo de Napoleão, o próprio Napoleão não sofria desse distúrbio.

formou num mito heroico, ensinando a Napoleão que não se pode ignorar a importância das relações públicas.

No golpe de Estado de Brumário de 1799, Napoleão se cercou das melhores pessoas para cada situação, e estava preparado para substituí-las conforme a necessidade mudasse. A criação do novo sistema de honrarias baseado na Legião de Honra, em 1800, permitiu que todos na França soubessem que era o próprio Napoleão quem controlava as promoções, com toda a imagem de poder associada a isso. A proclamação do Código Napoleônico, em 1804, permitiu que ele assumisse, no final, todo o crédito pelas ideias e pelo trabalho árduo dos especialistas que trabalharam sob sua supervisão. De fato, quem visita a tumba de Napoleão hoje pode ser perdoado por achar que todo esse Código, que ainda é a base do sistema jurídico francês, tenha nascido inteiramente no cérebro de Napoleão, sem ajuda de mais ninguém.

Na campanha de Austerlitz e em sua fuga de Elba, em 1815, Napoleão mostrou que *timing* é tudo. Estudando com paciência a psicologia dos oponentes, conseguia identificar exatamente qual o melhor momento para atacar. Em sua retirada da campanha da Rússia e escapada para Paris, em 1812, demonstrou a importância de proteger e defender sua base de poder. Ao desembarcar em Golf-e-Juan, perto de Antibes, na costa sul da França, em 1º de março de 1815, Napoleão provou que, tendo coragem e nervos firmes, um líder é capaz de dar uma virada extraordinária na sua vida — como se vê também nas carreiras de Churchill, De Gaulle, Richard Nixon e outros. Seis dias depois, em Laffrey, onde enfrentou as tropas enviadas por Luís XVIII para prendê-lo, Napoleão se mostrou mais do que capaz de jogar com as emoções intensas de seus veteranos, apelando para o lado romântico da alma francesa. Manteve o sangue frio quando os aliados rejeitaram suas propostas, em 13 de março, não permitindo que ninguém, nem os adversários, nem os aliados, visse seu estado de agitação interior.

A campanha de Waterloo também foi cheia de lições de liderança; embora não tenha sido arrogante ao invadir a Rússia, demonstrou um erro de avaliação após a Batalha de Ligny, em 16 de junho de 1815, quando enviou o marechal Emmanuel de Grouchy para perseguir os prussianos com um grande contingente de homens, dos quais iria precisar desesperadamente no campo de batalha de Waterloo, dois dias depois. Em 17 de junho, quando o Exército aliado recuou debaixo de chuva, Napoleão — que certa vez disse que podia perder um exército, mas jamais perderia uma hora — dessa vez perdeu tempo. Um líder deve ter energia — ou, pelo menos, transmitir aos seguidores uma sensação de energia vital.

Na Batalha de Waterloo, parece que Napoleão ignorou todas as máximas militares que passara a vida inteira propagando. Em vez de aproveitar seus pontos fortes e os pontos fracos do adversário, fez o oposto. Não conseguiu manter a iniciativa. Delegou todo o controle, incluindo decisões vitais sobre o momento e a direção dos ataques, aos tenentes, algo que nunca fizera antes em sua carreira, por mais que confiasse neles e por mais que eles tivessem tido bom desempenho no passado. Posicionou marechais errados em lugares errados, e deixou o melhor de todos, Louis-Nicolas Davout, lá longe, em Paris. Waterloo foi uma batalha napoleônica inteiramente atípica e terminou em um resultado atípico para ele: uma derrota decisiva e catastrófica. Vários fatores explicam por que ele não se ateve às suas regras militares, já bem experimentadas, confiáveis e, em geral, bem-sucedidas. Elas haviam falhado nas campanhas de 1813, na Alemanha; muitos de seus melhores marechais se recusaram a alistar-se novamente sob os estandartes do imperador quando ele voltou do exílio em Elba;

Napoleão não tinha certeza exatamente para onde os prussianos haviam se retirado após a Batalha de Ligny e errou em sua suposição; a forte chuva de 17 de junho atrasou o passo do seu Exército, que perseguia o de Wellington, e lhe roubou a iniciativa; e sua saúde (uma crise aguda de hemorroidas) talvez seja outro fator, embora também possa ter sido uma desculpa dada posteriormente por seus admiradores para explicar a derrota.

Apesar de tudo isso, vale lembrar as qualidades de liderança que Napoleão demonstrou em outros momentos da carreira, sobretudo nas 46 batalhas que venceu, das sessenta que travou. Serão qualidades que encontraremos em grau maior ou menor — geralmente menor — em muitos dos capítulos seguintes. A carreira de Napoleão demonstrou a importância da segmentação, do planejamento meticuloso, do conhecimento do terreno, de um excelente senso de *timing*, de nervos firmes, de valorizar a disciplina e o treinamento, de compreender a psicologia do soldado raso para criar o *esprit de corps*, fazer discursos e proclamações inspiradoras, controlar as notícias, adaptar as ideias táticas de outras pessoas, fazer perguntas pertinentes às pessoas certas; também um profundo aprendizado e observação da história, uma memória formidável, total inclemência quando necessário; colocar em jogo o carisma pessoal, manter uma imensa calma sob uma pressão inimaginável (especialmente nos momentos que parecem de derrota), atenção quase obsessivo-compulsiva aos detalhes, o controle rigoroso das emoções, a capacidade de explorar uma vantagem numérica momentânea no ponto decisivo no campo de batalha — e, não menos importante, a boa sorte. Embora tenha, por fim, sido derrotado, Napoleão é o líder de guerra em relação a quem todos os outros devem ser julgados.

2.
Horatio Nelson
1758-1805

ENTRE OS ADJETIVOS ATRIBUÍDOS AO ALMIRANTE lorde Nelson em recentes biografias, artigos e resenhas de livros, estão "desajeitado, vaidoso, arrogante, hipocondríaco", "petulante, sem dignidade, cheio de autocomiseração", "nervoso", "emotivo, desanimado, irritável, amargurado", "rabugento", "taciturno", "simplório como político e insignificante como indivíduo". Muitos desses adjetivos são verdadeiros, mas ele também foi, sem dúvida, o maior herói militar que a Inglaterra já produziu; na verdade, foi a própria personificação do heroísmo. Em seus breves 47 anos antes de ser morto no ápice da vida quase inacreditavelmente aventureira, Horatio Nelson uniu a coragem e a ousadia a uma agressividade implacável, um forte senso de dever, a fé em Deus, o ódio aos franceses em geral e aos revolucionários franceses em particular, e a genialidade para a estratégia e as táticas navais. Tudo isso se mesclava a uma monstruosa vaidade, à autopromoção incessante e a uma poderosa ambição. Contudo, ambição não é pecado se estiver aliada a talentos extraordinários — o que era, sem dúvida, o caso dele.

Em 1879, Benjamin Disraeli escreveu à rainha Vitória: "É verdade que [o marechal de campo lorde] Wolseley é um egoísta e um fanfarrão. E assim também era Nelson. [...] Os homens de ação, quando espetacularmente bem-sucedidos no início da vida, em geral são arrogantes e cheios de si".[1] O primeiro-ministro tinha razão ao lembrar à rainha que um grande homem não precisa ser também afável e modesto. Referir-se a si mesmo na terceira pessoa é um teste decisivo e infalível de vaidade e pompa — talvez até um sinal de megalomania incipiente —, e Horatio Nelson mostrou espetacularmente quem era, ao escrever sobre si mesmo: "Nelson está tão acima de cometer um ato escandaloso ou mesquinho como o céu está acima da terra".[2] Ele também publicou um breve relato da carreira o qual terminava com estas palavras: "Vá e faça o mesmo", sabendo muito bem, sem dúvida, que ninguém seria capaz disso.[3]

Mas, apesar de todos os defeitos pessoais e da infidelidade à sua sofredora esposa, Fanny, Horatio Nelson salvou o país de um risco de invasão gravíssimo — mais sério até do que a ameaça de Adolf Hitler, mais tarde — e garantiu à Inglaterra o domínio dos mares do planeta por mais de um século. Em comparação com essas realizações gigantescas, quem se importa com umas pitadas de irritabilidade e petulância? Vários de seus biógrafos, entre os mais de cem que já escreveram sobre ele, deveriam definir melhor suas prioridades: a vida de Nelson é uma história sublime de patriotismo, coragem e liderança. Dois séculos após sua morte, ela ainda tem o poder de tocar o coração dos amantes da liberdade em qualquer lugar do mundo.

Nascido em Burnham Thorpe, no condado de Norfolk, na Inglaterra, em 29 de setembro de 1758, foi o quinto filho do pároco local, o reverendo Edmund Nelson, a ter sobrevivido. Antes de completar treze anos, Horatio se fez ao mar, a bordo do *Raisonnable*, um navio de guerra de 64 canhões, sob o comando do seu tio materno, o capitão Maurice Suckling. Não era raro que um jovem oficial embarcasse tão cedo, e Nelson teve a sorte de ter como capitão seu tio, que se tornou para ele uma figura paternal. Embora a Marinha Real fosse uma carreira natural para um caçula de Norfolk com um capitão na família, Nelson sofria de enjoos violentos, problema que o perseguiu ao longo de toda a carreira.

A Marinha Real foi uma educação severa para um garoto que havia perdido a mãe aos nove anos de idade. Embora isso não se aplicasse a oficiais como ele, os marinheiros comuns da Marinha Real com frequência eram brutamontes tirados da escória das prisões, ou rufiões recrutados à força, que desertavam assim que podiam. Já se disse que as tradições da Marinha na época se resumiam a "rum, orações, sodomia e chicotadas". Os marinheiros recebiam uma dose de rum por dia, ao pôr do sol, e as orações eram lidas no domingo de manhã; o resto ficava por conta de cada um.

O capitão Suckling fez tudo para que o jovem Horatio se tornasse perito em navegação e no domínio do velame; cedo ele já conseguia pilotar habilmente pelos meandros dos rios Medway e Tâmisa. Seu treinamento prático em navegação não poderia ser melhor. Assim, com catorze anos foi escolhido para uma viagem ao Ártico como timoneiro na tripulação do capitão. Foi nessa viagem que, segundo se contava, ele teria matado um urso-polar em combate mortal, embora as evidências do feito sejam vagas. Ao regressar, foi enviado pelo almirantado às Índias Orientais, a bordo do *Seahorse*, um navio de vinte canhões; no entanto, costeando entre todos os portos, de Bengala a Bassorá (atual Basra, no Iraque), contraiu malária e teve que ser enviado de volta à Inglaterra para recuperar-se. "Quase tive vontade de me jogar no mar", disse mais tarde, sobre esse período de inatividade na vida.[4]

No entanto, quando seu navio contornou o cabo da Boa Esperança, Nelson teve uma visão estranha, ainda sem explicação: "uma esfera radiante" e "um brilho repentino", que considerou um sinal direto do Todo-Poderoso. Como disse mais tarde: "Um súbito brilho de patriotismo se acendeu dentro de mim. [...] Eu *serei* um herói e, confiando na Providência, enfrentarei todos os perigos".[5] O poderoso senso de destino pessoal de Nelson, que o acompanhou por toda a vida, parece ter surgido dessa estranha experiência metafísica que teve na adolescência.

Em abril de 1777, aos dezoito anos de idade, Nelson já tinha passado nos exames finais da carreira naval e fora promovido a segundo-tenente a bordo da *Lowestoffe*, uma fragata de 32 canhões, sob o comando do capitão William Locker, seu amigo. A filosofia militar de Locker era simples: "Chegue perto de um francês e você vai derrotá-lo".[6] Esse princípio se apoiava no fato concreto de que a Marinha Real britânica, mais bem treinada e aprovisionada, conseguia disparar três salvas de canhão em dois minutos, tempo que a Marinha francesa e a espanhola levavam para disparar apenas duas. Foi uma lição de guerra fundamental na era dos combates navais entre navios a vela, lição que Nelson assimilou e mais tarde explorou ao máximo.

Depois de servir na Jamaica, Nelson foi promovido a capitão e, quatro meses antes de completar 21 anos, transferido para a nau capitânia do comandante em chefe sir Peter Parker. Foi uma ascensão rápida para os padrões da Marinha, embora não tão rara. Ele galgou postos pelo poder de sua inteligência, dedicação e habilidades superiores de navegação. Vamos lembrar também que Suckling foi promovido ao influente posto de chefe da controladoria financeira da Marinha Real. O nepotismo pode ter sido uma doença do século XVIII, e é hoje amplamente criticado, mas não há como negar que deu grande impulso à carreira de nosso maior comandante naval.

Em 1780, comandando uma fragata, Nelson participou do desastroso ataque anfíbio contra as possessões espanholas pelo rio San Juan. A maioria dos marinheiros britânicos que sucumbiram naquela campanha morreu de febre amarela, e Nelson, que já sofria de malária, só sobreviveu porque foi chamado de volta para a Jamaica e ali recebeu ordem de retornar à Inglaterra, onde passou um ano recuperando a saúde. Ao voltar para o mar, "foi derrubado pelo escorbuto" navegando para o Canadá e os Estados Unidos (não ficou muito impressionado ao visitar Nova York, em 1783, dizendo: "Aqui o dinheiro é o grande objetivo. Não se cuida de mais nada").[7]

Entre 1784 e 1787, esteve no comando da fragata HMS *Boreas*, em uma missão impopular para impedir os colonos britânicos das Índias Ocidentais de negociar com os Estados Unidos, país que acabava de ganhar sua independência. Mas Nelson não foi o comandante cheio de compaixão inventado pelos autores de seus elogios fúnebres, vitorianos e posteriores. Nos dezoito meses em que comandou a *Boreas*, condenou à chibata 54 dos 122 marinheiros e doze dos vinte fuzileiros — nada menos do que 47% da tripulação. E julgou que o dia de Natal era um dia como outro qualquer para enforcar um amotinado.

Foi também como capitão da *Boreas* que Nelson conheceu uma jovem viúva da ilha caribenha de Nevis com quem logo se casou, em 1787, Frances (Fanny) Nisbet, sobrinha do presidente do Conselho de Nevis. Além de tímida, Fanny não era uma beldade, mas foi uma esposa gentil e amorosa, que certamente não merecia as humilhações públicas que o futuro lhe reservava. Não há razão para supor que Nelson não a amava quando se casaram, embora o casamento também fosse um arranjo financeiramente vantajoso para ele.

Seguiram-se seis anos de paz, em que Nelson teve de ganhar a vida recebendo metade do salário, morando com o pai e a esposa em Norfolk e desenvolvendo ideias reacionárias características dos conservadores Tory, profundamente contrárias aos preceitos da Revolução Francesa, chegando mesmo à crença totalmente atávica no direito divino dos reis. Assim, Nelson ficou encantado quando, em fevereiro de 1793, a França Revolucionária declarou guerra à Grã-Bretanha, apenas alguns dias após a execução de Luís XVI.

Deflagrada a guerra, Nelson recebeu o comando de seu primeiro navio de grande porte, a fragata HMS *Agamenon*, de 64 canhões, e ordens para se juntar à frota do Mediterrâneo, em Nápoles. Em 12 de julho de 1794, durante o cerco de Calvi, na Córsega, uma bala de canhão atingiu uma pedra no chão perto de onde Nelson estava, lançando fragmentos que cegaram seu olho direito. (Ao contrário da crença popular, ele não usava um tapa-olho, apenas uma viseira verde presa ao chapéu.) Foi nessa campanha que nasceu sua reputação de absoluto destemor. Quando criança ele teria dito à avó: "Medo? Nunca vi o medo".

Nelson saiu desse período da guerra convicto de ser um instrumento de Deus para punir os franceses e seu regicídio, ateísmo e igualitarismo; e fez isso por meio de uma política implacável de ataque, caracterizada por repetidas exibições de uma bravura quase suicida.

No ano seguinte, após um ataque ousado e bem-sucedido contra os franceses nos arredores de Toulon, o almirante sir John Jervis nomeou Nelson para o posto de comodoro, mas foi apenas três anos depois, lutando sob o comando de Jervis na Batalha do Cabo de São Vicente, que mostrou seu talento para tomar decisões com independência. Arriscando enfrentar uma corte marcial e a desonra por deixar a linha de batalha sem permissão, Nelson — ao notar que as duas metades em que a frota espanhola tinha se dividido estavam prestes a se reunir — levou seu navio, o HMS *Captain*, direto até o *San Nicolas*, de oitenta canhões. Chefiou então uma abordagem que capturou o navio, tornando-se assim o primeiro inglês a abordar um navio de guerra inimigo desde sir Edward Howard, em 1513. Tão logo o navio espanhol arriou o pavilhão, Nelson partiu para abordar um navio inimigo muito maior que navegava ao lado, o *San Josef*, de 112 canhões, o qual também capturou. Após a batalha, Jervis abraçou Nelson na nau capitânia; o comodoro recebeu o título de cavaleiro e foi promovido a contra-almirante.

Demonstrando um talento para a autopromoção que logo o tornou impopular entre os colegas oficiais, Nelson enviava a Londres relatos de seu heroísmo e seus êxitos, para que tivessem a máxima divulgação, inclusive nos jornais. Mas não precisava exagerar os sucessos, e seus colegas oficiais se sentiam, justificadamente, diminuídos. Mesmo assim, em uma Grã-Bretanha faminta por boas notícias, tudo isso fez dele um herói popular — o que hoje se chamaria de celebridade.

Mais tarde, em 1797, comandando uma expedição a Tenerife para tentar capturar um navio espanhol carregado de tesouros, Nelson perdeu o braço direito, atingido por um tiro de metralha da fortaleza de Santa Cruz. Foi amputado abaixo do ombro em uma operação sem anestesia. “Um almirante só com o braço esquerdo nunca mais será levado em conta”, lamentou. “Tornei-me um fardo para meus amigos e inútil para meu país.”[8] Na verdade, ocorreu o oposto: ter perdido um olho e um braço em ação mostrou a seus homens que Nelson nunca lhes pediria para fazer algo que ele próprio não estivesse disposto a fazer — e a nação tomou nota disso.

Fanny não via o marido havia quase cinco anos quando Nelson voltou para casa como almirante sir Horatio Nelson, herói da Batalha do Cabo de São Vicente, cego de um olho e com apenas um braço. Ela cuidou do toco infectado da amputação e, devido ao que um biógrafo chamou de ternura angelical, ele se recuperou o suficiente para tornar a partir rumo ao Mediterrâneo, perseguindo a expedição de Napoleão ao Egito, que havia deixado Toulon em maio de 1798.[9]

Enquanto esteve na Inglaterra, Nelson recebeu apenas meio salário, sofreu de uma hérnia abdominal adquirida em batalha, com uma febre ocasional, e tomou láudano (basicamente, ópio) para aliviar a dor dos curativos diários necessários para tratar o ferimento. Nelson era de baixa estatura, como mostra seu uniforme de almirante exposto no Museu Marítimo Nacional de Greenwich, um metro e 65 centímetros, tinha uma constituição delicada e pensava nunca estar longe da morte, o que ajuda a explicar sua grande coragem em batalha.

De volta ao mar assim que se recuperou, Nelson teve uma intuição inspirada: achou que a frota de Napoleão, que escapara do bloqueio britânico de Toulon, se dirigia para o Egito. Assim, na noite de 1º de agosto de 1798, finalmente a alcançou, ancorada na baía de Aboukir, na foz do Nilo. "Amanhã, ainda antes desta hora", disse aos seus oficiais, na véspera da batalha, "terei recebido um título de nobreza — ou então a abadia de Westminster".*[10] A arqueologia marinha realizada em 1998, no bicentenário da batalha, mostrou como foi brilhante, porém arriscada, a manobra de Nelson. Conduzindo cinco navios por águas rasas, contornando a linha da frente francesa para atacar tanto pelo flanco voltado para a terra quanto pelo flanco voltado para o mar, onde os franceses não tinham preparado seus

---

* Ou seja, seu enterro na abadia. (N. T.)

canhões, Nelson conquistou uma das vitórias mais decisivas de toda a história naval. Coragem e sorte tiveram um papel apenas limitado em suas vitórias; sua esplêndida habilidade na arte da navegação e a afiada capacidade de explorar oportunidades foram parte muito mais importante de sua estratégia naval, nascida do excelente treinamento prático da Marinha Real. (No Museu Nacional Egípcio, no Cairo, há mosquetes e moedas francesas recuperadas do fundo do mar.) Dos dezessete navios de guerra franceses, apenas quatro escaparam, deixando esse Exército totalmente cercado na Ásia. O ataque frontal de Nelson foi criticado, mas ele foi adiante, porque o vento era favorável e os franceses estavam despreparados, o que talvez não fosse o caso no dia seguinte.

Após a Batalha do Nilo, Nelson foi, de fato, elevado à nobreza; recebeu também uma cascata de valiosos presentes, vindos do tsar da Rússia, do sultão da Turquia, do distrito financeiro de Londres, da Companhia das Índias Orientais e assim por diante. Ainda não tinha chegado aos quarenta anos, e essa adulação contribuiu para o desabrochar de sua colossal vaidade. Foi quando se recuperava em Nápoles de um ferimento grave na testa, sofrido no Nilo, que se apaixonou por Emma Hamilton e iniciou um romance com ela.

Fanny, digna, deselegante e sofredora, cuidava de Nelson e o amava; mas, quando ele se viu diante dos encantos eletrizantes de Emma, a pobre esposa não teve mais chance. Lady Hamilton era casada com o embaixador britânico em Nápoles, sir William Hamilton, um homem esteta e sofisticado, 35 anos mais velho do que ela e perfeitamente tolerante. Na Galeria Frick, em Nova York, pode-se ver o retrato da sorridente Emma Hamilton, com suas faces rosadas, pintado por George Romney — o quadro mais triste da galeria quando se pensa na alcoólatra endividada e desregrada que ela acabou se tornando na velhice. No retrato, Emma tem olhos azuis, pele cor de pêssego e está feliz, com uma fita turquesa no cabelo e um sorriso confiante. É fácil ver como Nelson — e todos os outros — se apaixonou por ela instantaneamente, embora não pudessem viver juntos, em vista dos costumes sociais e religiosos da época.

Um problema que temos para descrever Emma Hamilton é o fato de ela ter mudado tanto ao longo da vida, conforme suas circunstâncias. Em oposição ao belo retrato na Galeria Frick, temos as palavras do diplomata sir Gilbert Elliot, mais tarde primeiro conde de Minto, segundo as quais ela tinha um corpo "nada menos que monstruoso em sua enormidade e a atitude informal de uma garçonete de bar". Quanto às canções que ela insistia em apresentar nos jantares em homenagem a Nelson, a socialite lady Holland as descreveu como "gritos vulgares e dissonantes". Emma também era dada a se exibir em embaraçosas danças improvisadas, que "certamente não eram de natureza a ser executadas senão em seleta companhia", lembra um convidado, "pois os gritos, as atitudes, os sustos e os abraços que as interrompiam lhes davam um caráter peculiar". Apesar de tudo isso, ela era sem dúvida extremamente sensual, e enfeitiçou Nelson com facilidade. Um biógrafo moderno de Nelson, John Sugden, descreve a jovem lady Hamilton como

> uma presença sedutora quando estava no auge da vida, alta, com braços fortes, voluptuosa, o rosto espantosamente belo, tão expressivo e imponente quanto clássico, emoldurado por uma enorme juba ruiva e rebelde — e tudo isso a serviço de uma personalidade enérgica, vibrante e amiúde temperamental. Era naturalmente histriônica e ficava inebriada pela atenção, o barulho e a companhia, onde desabrochava e brilhava.[11]

Emma incentivou a elevada importância que Nelson dava a si mesmo. Quando ele reclamou que havia recebido apenas o título de barão, o mais baixo da nobreza, ela retrucou que não ficaria satisfeita enquanto ele não fosse também "marquês do Nilo, visconde das Pirâmides e barão do Crocodilo".

Quando Nelson finalmente regressou de Nápoles para a Grã-Bretanha, era uma figura nacional adorada. Senhoras usavam chapéus com "O HERÓI DO NILO" bordado em lantejoulas. Quando viajava pelo campo, os camponeses desatrelavam seus cavalos e puxavam eles próprios sua carruagem. Nelson adorava tudo isso e manipulava ativamente sua imagem, aprovando gravuras e retratos idealizados que não se pareciam com ele em absoluto. Cavalgou em triunfo no desfile do lorde prefeito de Londres; no entanto, foi recebido friamente na corte pelo rei George III, que prezava a fidelidade conjugal e — algo raro na casa real de Hannover — até mesmo a praticava. Isso, no entanto, não prejudicou sua carreira profissional, pois evidentemente um almirante que traz grandes vitórias recebe a admiração geral.

Mas, apesar de toda a genialidade de Nelson no mar, a Inglaterra nada podia fazer para impedir o domínio de Napoleão sobre um império terrestre que compreendia grande parte da metade ocidental do continente europeu. A Inglaterra continuava correndo perigo de invasão pela imensa Grande Armée, que em breve estaria acantonada nos portos franceses do canal da Mancha. Para manter o bloqueio da França, tornou-se necessário atacar a frota dinamarquesa em Copenhague, em abril de 1801. O vice-almirante lorde Nelson era o primeiro na linha sucessória do almirante Parker; e quando, em razão dos números crescentes de baixas sob o fogo das baterias de terra, recebeu ordens para "interromper a ação", ele simplesmente as ignorou e continuou lutando até a vitória total. (A expressão "fazer-se de cego", *to turn a blind eye*, se refere a esse incidente; segundo a crença popular, Nelson apontou seu telescópio com o olho cego e disse, brincando: "Não estou vendo nenhum sinal para recuar". Infelizmente, a história não é verídica.)

Tal como no cabo de São Vicente, a vitória que se seguiu justificou plenamente a grave insubordinação, mas não o fez querido entre os outros almirantes. O comandante e mentor de Nelson, o conde de St. Vincent, escreveu mais tarde que "o único mérito de lorde Nelson era sua coragem animalesca, pois seu caráter como pessoa era vergonhoso, em todos os sentidos da palavra". No entanto, ele também disse que Nelson "possuía a arte mágica de infundir seu próprio ânimo nos outros".[12] Isso foi fundamental para sua liderança militar: ele era amado pelos marinheiros comuns da frota e tinha a capacidade de inspirar os outros, às vezes meramente por sua presença em ação. Não é à toa que foi descrito como "um predador nato".[13] Essa popularidade com os marinheiros era ainda mais notável vinda de um comandante implacável na disciplina; no entanto, ele lhes dava a vitória (e também prêmios em dinheiro).

Em contraste com esse amor por Nelson, é preciso lembrar da acusação de que ele foi responsável por um hediondo crime de guerra em Nápoles, em fins de junho de 1799. Há poucas dúvidas de que foram ordens de Nelson que levaram diretamente à execução a sangue frio de 99 prisioneiros de guerra italianos pró-jacobinos após o comandante britânico local, o capitão Edward Foote, ter assinado um tratado garantindo a segurança deles depois que se rendessem. E decerto, quando se visita hoje o quase inexpugnável Castel dell'Ovo, em Nápoles, logo compreendemos como teria sido difícil capturá-lo se os rebeldes não tivessem se rendido voluntariamente.

Os partidários de Nelson alegam que o documento não fora exatamente um tratado; que de qualquer modo Foote não tinha autoridade para assiná-lo; que foram os monarquistas napolitanos e não os britânicos que consideraram os jacobinos culpados após a devida corte marcial; que as vítimas eram, do ponto de vista legal, rebeldes, e não soldados regulares que portanto poderiam ser considerados mais tarde prisioneiros de guerra; e assim por diante. Mas, como disse o liberal whig Charles James Fox, então líder da oposição, a atitude de Nelson certamente "manchou o nome da Inglaterra". A crítica foi ressaltada quando Nelson se recusou a permitir um enterro cristão para o comandante naval rebelde, o comodoro Francesco Caracciolo, depois que ele foi enforcado na verga de um mastro, ordenando que o cadáver fosse apenas baixado e jogado no mar.* A sede de sangue com que Emma brindou a morte do homem também foi de extremo mau gosto.

Tom Pocock, biógrafo de Nelson, conclui que foi "má sorte de Caracciolo que seu caminho cruzasse o de Nelson em uma fase em que este se demonstrava implacável na execução dos cruéis costumes de guerra".[14] Nelson se via agindo em nome dos aliados rei Fernando I de Bourbon e rainha Maria Carolina das Duas Sicílias, a quem ele ajudara a escapar de uma revolução de inspiração jacobina — criadora de uma república que durara 144 dias — e que presentearam Nelson com a herdade de Bronte, na Sicília.** Não era de sua natureza agir com crueldade, mas via seus ocasionais atos de inclemência como nada mais do que o cumprimento do dever.

Nelson, que abominava o jacobinismo, concordou efeti-

---

* A família do comodoro Caracciolo ainda considera Nelson um criminoso de guerra.

** Ao sobrevoar Bronte, é possível notar que a lava do monte Etna frequentemente devastou a região, então talvez não tenha sido um presente tão generoso quanto à primeira vista poderia parecer.

vamente com a insistência do governo napolitano de que os rebeldes fossem tratados como marinheiros amotinados. A analogia mais próxima seria se alguns bolcheviques tivessem caído nas mãos do Exército Branco tsarista durante a guerra civil russa e Winston Churchill, aliado dos Brancos, não tivesse se esforçado para salvá-los. Embora isto não seja uma justificativa legal, vale ressaltar que, se os jacobinos napolitanos tivessem vencido, decerto teriam tido com o ramo napolitano da família Bourbon a mesma falta de misericórdia que seus correligionários parisienses tiveram com o ramo francês.

Encerrado o Tratado de Amiens, assinado com a França em maio de 1803, mas que teve uma vida breve, Nelson foi nomeado comandante da Marinha Real no Mediterrâneo, onde passou a organizar o bloqueio de Toulon. Ao longo dos dois anos seguintes, não desembarcou por mais de dez dias da sua nau capitânia, o HMS *Victory*. Enquanto isso, Napoleão, que fora coroado imperador da França em dezembro de 1804, concentrava tropas para uma invasão ao Reino Unido — de longe a maior ameaça ao país desde a tentativa da Armada Espanhola, em 1588, e até a frustrada Operação Leão-Marinho, de Hitler, em 1940. Foi com a missão de destruir a esquadra combinada franco-espanhola, encarregada de transportar a força invasora napoleônica através do canal da Mancha, que Nelson deixou a Inglaterra pela última vez, no outono de 1805.

Um dos membros do grupo que o acompanhou em seu trajeto final desde o George Hotel, em Portsmouth, até o HMS *Victory*, era um certo almirante sir Isaac Coffin (dificilmente um presságio pode ser mais evidente, exceto, talvez, o caso do seu parente distante coronel Richard Pine-Coffin.* O poeta Robert Southey testemunhou a partida de Nelson da

---

* *Coffin* significa "caixão" em inglês, e *pine coffin*, caixão de pinho. (N. T.)

praia de Southsea. "Juntou-se uma multidão", recordou ele, "acotovelando-se para conseguir ver seu rosto; muita gente estava em lágrimas, e muitos se ajoelhavam diante dele e o abençoavam quando passava. A Inglaterra já teve muitos heróis, mas nunca alguém que possuísse tão completamente o amor de seus compatriotas."[15]

"Peço-lhe encarecidamente, minha querida Emma, que você se anime", escreveu Nelson a lady Hamilton, em 17 de setembro, "e teremos muitos e muitos anos de felicidade; estaremos rodeados pelos filhos dos nossos filhos."[16] De fato, a única filha do casal, a ilegítima Horatia, acabou gerando dez filhos. Nelson ansiava pela paz, mas apenas uma paz nos termos britânicos, como escreveu no ano anterior: "Espero sinceramente que, com a destruição de Buonaparte [sic], essa guerra com todas as nações terminará".[17] Foi uma das poucas vezes em sua vida que o almirante Nelson demonstrou ingenuidade.

Em 19 de outubro de 1805, a esquadra combinada, com um total de 33 navios de guerra da França e da Espanha, subitamente deixou a segurança do porto de Cádiz, no sul da Espanha, e tentou atravessar o estreito de Gibraltar. Nelson imediatamente iniciou a perseguição com seus 27 navios de guerra. Embora com menor número de navios, homens e armas, acreditava na magnífica capacidade de combate de sua frota e prometeu ao almirantado em Londres que eles poderiam confiar em todos os seus esforços "para que, como Frota Inimiga, eles sejam aniquilados".[18] "Aniquilação" era uma palavra que ele usava com frequência; era o que procurava incessantemente em combate e o que o diferencia de muitos outros comandantes da história. É claro que isso era mais fácil em batalhas navais do que em terra, já que os navios afundam com toda a tripulação a bordo; mas mesmo assim o ódio de Nelson pelos franceses estava total e intimamente ligado ao ateísmo da Revolução Francesa — o qual ele, filho de um clérigo, naturalmente encarava em termos existenciais. (O duque de Wellington, em contraste, era um francófilo que estudara na França, falava francês e foi embaixador em Paris. Sua única animosidade era contra Napoleão pessoalmente.)

O dia 21 de outubro de 1805, uma segunda-feira, amanheceu com neblina, mas algumas horas depois esta cedeu ao bom tempo, e a esquadra combinada franco-espanhola foi avistada dos mastros mais altos do HMS *Vitória*, algumas milhas a oeste do cabo Trafalgar, na costa sudoeste da Espanha, perto de Cádiz. Nelson convocou seus capitães e explicou o plano de batalha, que consistia em formar duas colunas e atravessar a linha inimiga, cortando-a assim em terços iguais e, em seguida, concentrar o poder de fogo britânico, mais rápido e preciso, nos dois terços de retaguarda — conseguindo, portanto, igualdade numérica entre a combinada e a Marinha Real. Edmond Jurien de la Gravière, historiador naval francês do século XIX, escreveu: "*Le génie de Nelson c'est d'avoir compris notre faiblesse*" ("O gênio de Nelson foi ter compreendido a nossa fraqueza"). Ele tinha razão; Nelson esperava travar uma batalha confusa, o que lhe daria a chance de destruir mais naves inimigas do que em combate tradicional linha contra linha. Assim, ordenou à frota "formar duas colunas". Foi uma estratégia imaginativa e ousada, e seus capitães — que ele chamou de "bando de irmãos", conforme o termo de Shakespeare — mais tarde a chamaram de "Toque de Nelson".

O plano exigia tremenda habilidade e coragem, pois o inimigo poderia disparar seus canhões contra os navios britânicos, atingindo-os na popa, onde não tinham defesas, por um longo tempo, antes que estes pudessem responder. Do *Victory*, Nelson liderou uma das colunas; a outra foi liderada pelo vice-almirante sir Cuthbert Collingwood, seu sucessor imediato, a bordo do HMS *Royal Sovereign*. Outra de suas ordens foi: "Nenhum capitão pode cometer um erro grave ao posicionar seu navio ao longo de um navio inimigo". A frase já foi erroneamente interpretada como um sinal de desprezo pelos seus inimigos franceses e espanhóis, pois parecia supor que a Marinha Real, se fosse colocada lado a lado com eles, sairia inevitavelmente vitoriosa. Na verdade, a ordem expressava a preocupação de Nelson de que, como já estavam em outubro, alguns navios na parte posterior das duas colunas britânicas não entrariam em combate próximo com luz do dia suficiente para garantir o resultado esmagador que ele desejava. A ordem também levava em conta a superior cadência de tiro que os canhoneiros britânicos, mais bem treinados, tinham sobre os franceses e espanhóis.

Às 11h35 da manhã, ao rufar dos tambores chamando à ação, com os homens levantando as portinholas das bocas de fogo, posicionando os canhões em suas escotilhas e jogando areia no convés para torná-lo menos escorregadio quando o sangue começasse a jorrar, Nelson deu ordem para que fosse hasteada no mastro da nau capitânia sua famosa frase: "A Inglaterra espera que todos os homens cumpram seu dever". Naquele momento, disse a Pascoe, tenente de sinalização, que esperava que aquilo "divertisse a frota".[19] Não se sabe se a frase de fato divertiu os marinheiros, mas decerto serviu de inspiração para gerações de seus compatriotas.

Nelson então partiu, numa lentidão agoniante devido ao vento fraco, para entrar em combate com nada menos que três navios franceses: *Neptune*, *Bucentaure* e *Redoutable*. Seu plano de batalha ordenava que os capitães mantivessem sua compostura e a firmeza de seus homens e avançassem silenciosamente em fila, expostos a fogo lateral enquanto prosseguiam. Ser alvo de um canhoneio em grande escala era uma situação realmente terrível, mas Collingwood manteve a frieza, comendo uma maçã enquanto o *Royal Sovereign* era atingido pelo fogo, antes de poder retornar um tiro. A batalha decorreu precisamente conforme o plano de Nelson.

Sob fogo pesado do *Bucentaure* e do *Redoutabe*, o *Victory* conseguiu navegar entre os dois, atirando neles pelos dois costados enquanto passava. O *Bucentaure* recebeu um tiro na popa que o deixou fora de combate; em seguida, o *Redoutable*, de 74 canhões, foi abalroado pelo *Victory* e adernou a estibordo, enquanto o cordame dos dois enormes navios se emaranhava. Hoje mal podemos compreender o horror de uma batalha naval como a de Trafalgar. Hora após hora, os canhões dispararam balas de ferro de oito, dez e às vezes até quinze quilos, que arrebentavam o casco dos navios, lançando longos pedaços e lascas de madeira no convés abarrotado de homens. Os 27 navios de guerra britânicos em Trafalgar tinham um total de 2148 canhões a bordo, muitos deles de calibre muito maior que os quatrocentos canhões utilizados de ambos os lados na Batalha de Waterloo, travada em uma área muito maior.

Os franceses e os espanhóis tinham 2862 canhões na batalha; assim, havia em Trafalgar um número de canhões mais de doze vezes superior ao utilizado em Waterloo, e eles atiraram por muito mais tempo. Em quatro horas de batalha em Trafalgar, o HMS *Victory* gastou entre seis e sete toneladas de pólvora, disparando 4243 balas de canhão, 371 granadas de metralha grande e pequena e 4 mil balas de mosquete. Para os que estavam no convés superior, havia o terror constante de ser varrido pela metralha. Os tiros dos fuzileiros navais postados no HMS *Victory* eram à queima-roupa, e qualquer esperança que os franceses tivessem de abordar a nave foi aniquilada pelo fogo assassino apontado pelos pequenos canhões de trinta quilos, que disparavam da proa e da popa. Os canhões britânicos da linha inferior atiravam tão de perto que era quase impossível errar o alvo. Contudo o mesmo valia para os franco-atiradores franceses posicionados junto às cordas do *Redoutable*.

Nelson tinha pagado para que costurassem em seu casaco suas quatro grandes estrelas bordadas com fio de prata, de suas várias ordens de cavalaria, cada uma por um guinéu, além de 25 xelins pela estrela da ordem napolitana de são Fernando. Isso tornava fácil identificá-lo mesmo à distância. O local que ele escolheu para se posicionar durante a batalha também implicou que, como disse um de seus biógrafos, "não era preciso ser um atirador de elite para acertar um almirante coberto de estrelas a quinze metros de distância".[20]Naquela tarde, com suas medalhas reluzindo no castelo de popa do HMS *Victory*, ele estava quase convidando uma bala. O mosquete do atirador estava carregado com uma bala de chumbo de 1,5 centímetro de diâmetro e 22 gramas, atualmente exposta no Museu Marítimo Nacional de Greenwich. Ela atingiu Nelson no ombro, derrubando-o no chão.

No fragor da batalha ninguém ouviu o tiro, mas seu efeito foi devastador tanto para Nelson como para o Reino Unido. A bala "atingiu Nelson bem de frente no ombro esquerdo, perfurando a dragona e arrastando junto pedaços de renda dourada e do forro de seda ao penetrar profundamente em seu corpo". Ele sofreu fratura nas costelas, perfuração em um pulmão, lesão na espinha e ruptura de uma artéria, "mas, aparentemente, queixou-se pouco", dizendo apenas "senti a bala quebrar minhas costas".[21] Para não abater o moral da tripulação, seu rosto foi coberto com um lenço, de modo que ele não fosse reconhecido ao ser levado para os aposentos sob o convés. Uma vez deitado, disse ao capitão Hardy, do *Victory*: "Por fim me pegaram. Esse tiro atravessou minha espinha". O cirurgião logo verificou que o almirante tinha razão e não havia nada a fazer. Foi uma morte pungente, lenta e dolorosa, na cabine iluminada por um lampião.

Durante três horas, a vida de Nelson foi se esvaindo, enquanto a batalha continuava. O primeiro a se render foi o *Redoutable*, com 522 mortos numa tripulação de 643, e em seguida a nau capitânia espanhola *Santísima Trinidad*. "Gostaria de viver um pouco mais", disse Nelson. "Não me jogue ao mar, Hardy", acrescentou, e ainda, "Hardy, acho que por fim eles conseguiram". Contudo, antes de Nelson expirar, Hardy conseguiu informá-lo que catorze navios inimigos "baixaram as bandeiras" — isto é, se renderam —, enquanto nenhuma nave britânica sequer fora perdida. Assim, Nelson ficou sabendo que havia conquistado uma vitória verdadeiramente extraordinária e que seria lembrado como um dos maiores almirantes da história. Na verdade, a contagem final foi ainda melhor: 22 navios inimigos afundados ou capturados, contra nenhum da Marinha Real. As últimas palavras de Nelson foram sublimes. "Graças a Deus cumpri meu dever", falou, ao passar para a glória imortal.[22] Mais tarde, o rei disse ao irmão de Nelson que aquela fora exatamente a morte que o almirante teria desejado.

A vitória em Trafalgar deu ao Reino Unido o domínio global dos mares — domínio de que iria desfrutar pelos cem anos seguintes, até os alemães começarem a formar sua frota de alto-mar, antes da Primeira Guerra Mundial. E, de imediato, a vitória aliviou qualquer temor dos ingleses de que Napoleão pudesse invadir as ilhas britânicas, por mais sucesso que tivesse no continente europeu — um temor que até então tinha sido muito real, a ponto de as mães ameaçarem os filhos desobedientes com "Olha que o Boney [Bonaparte] vem aí!". Os britânicos não sabiam como poderiam vencer uma guerra terrestre contra a França napoleônica, mas agora sabiam que não poderiam perder uma no mar.

Assim, quando Nelson morreu em Trafalgar, o jovem poeta Samuel Taylor Coleridge, que então se encontrava na Itália, viu-se repetidamente abordado por ingleses que ele não conhecia mas com os quais compartilhava lágrimas. Benjamin West pintou Nelson subindo aos ares para ser acolhido nos braços de Britannia, retratada como deusa. Cães, flores, ruas, a coluna mais alta de Londres e uma nova variedade de groselha receberam seu nome. Nelson foi um herói especialmente inglês; quando o IRA, o Exército Republicano Irlandês, quis fazer um protesto contra a Inglaterra para comemorar os cinquenta anos do Levante da Páscoa, em 1966, explodiu a estátua de Nelson no centro de Dublin.

O funeral de Nelson na catedral de são Paulo parou Londres; fazia muito tempo que ninguém havia inspirado tal admiração popular, e não haveria manifestação semelhante de emoção espontânea do público até a morte da princesa Diana, em 1997. Embora o caixão de Nelson tenha sido carregado por oito almirantes, todos em lágrimas, seu status entre o almirantado era tão controverso, devido à sua incessante autopromoção e ocasional recusa em obedecer a ordens, que dezoito outros almirantes se negaram a comparecer. (Foi uma cerimônia exclusivamente masculina, da qual tanto lady Nelson como lady Hamilton foram excluídas.) Um relato em primeira mão do funeral, não publicado, comentou: "Ao ver a diminuta estatura do homem, é surpreendente que a bala tenha encontrado seu alvo"; e também: "Em meio a essa pompa realmente triunfal, ele foi levado ao repouso eterno entre reis e gigantes das eras passadas".

A nação agradecida concedeu ao irmão de Nelson o título de conde e uma vultosa pensão de 5 mil libras por ano, quantia que continuou a ser paga anualmente à família até 1947. Sua esposa foi nomeada em seu testamento mas, segundo o costume da época, Emma não foi incluída. Embora os últimos pensamentos de Nelson tivessem sido para seu país e seu dever, os penúltimos foram para Emma. Tal como acontecera com o rei Carlos II em seu leito de morte, que ordenara: "Não deixem a pobre Nellie passar fome", pensando na amante, Nell Gwyn, no que foi ignorado, tampouco alguém fez algo por Emma Hamilton. Ela faleceu em 1815, em Calais, pobre, obesa e alcoólatra. Nenhum dos dois homens podia mencionar a amante no testamento em razão do decoro, e nenhum outro membro da família teve interesse em ser generoso.

As lições de liderança de guerra que aprendemos com Nelson são simples e diretas: tome a iniciativa e não deixe que o inimigo a tire de você; se necessário ignore as regras e desobedeça às ordens; mostre coragem extraordinária, liderando na linha de frente; treine incessantemente para a batalha, como fez Nelson em seu cerco de dois anos a Toulon, para que os homens se comportem em combate como se fosse uma segunda natureza; abomine seu inimigo com uma chama pura e ideológica; tenha um tesouro em terra, preparado para financiar a organização de operações extraordinariamente custosas (estima-se que, em 1805, cerca de 40% de toda a receita tributária nacional do Reino Unido foi gasta na Marinha Real); confie nos seus subordinados e sirva de inspiração para eles; e promova uma reputação de ofensivas furiosas que sempre mantêm o inimigo na defensiva.

E o que dizer dos inegáveis defeitos de personalidade? Segundo o historiador John Adamson, "A vaidade, o *amour propre* absurdamente inflado, o amor à bajulação faziam parte do gênio de Nelson como comandante naval. Nelson, o incorrigível exibicionista, era parte integrante de Nelson, o vencedor de Trafalgar". Marido terrível, amante apaixonado, francófobo convicto e egoísta vaidoso, Nelson foi também o maior herói da Inglaterra, o homem que tornou seu país inexpugnável a uma invasão durante mais de um século. Ainda que não tenha conseguido vencer as Guerras Napoleônicas, Nelson garantiu que o Reino Unido não as perdesse. Embora Napoleão tenha marchado em triunfo em quase todas as grandes capitais da Europa da época — Madri, Viena, Varsóvia, Berlim, Milão, Turim, Praga, Amsterdã e Dresden, assim como fez no Cairo e em Moscou —, Nelson garantiu que essa marcha triunfal jamais acontecesse em Londres. Hoje, na Trafalgar Square, no coração de Londres, Horatio Nelson está no topo de uma coluna de cinquenta metros, mas seu lugar é ainda mais elevado no amor e no respeito de seu povo. Pois ele foi, como sua devotada Emma Hamilton disse tão perfeitamente, "o anjo da guarda da Inglaterra".

3.
Winston Churchill
1874-1965

EM UMA DAS GRANDES COINCIDÊNCIAS DA HISTÓRIA, na sexta--feira 10 de maio de 1940, o dia em que Adolf Hitler lançou a *Blitzkrieg*, ou "guerra-relâmpago" contra o Ocidente, Winston Churchill cumpriu a ordem de comparecer diante do rei George VI, no palácio de Buckingham, em Londres, para ser convidado ao cargo de primeiro-ministro. Foi, de fato, uma coincidência, pois ele fora escolhido como sucessor de Neville Chamberlain na tarde anterior, antes do ataque alemão e, portanto, sem que Hitler soubesse quem seria seu adversário britânico máximo.

O rei observou, acerca daquela fatídica noite, que Churchill "ardia de entusiasmo e determinação para cumprir os deveres de primeiro-ministro".[1] No carro, ao voltar do palácio de Buckingham, o guarda-costas de Churchill, Walter Thompson, lhe deu os parabéns, acrescentando que sua tarefa era enorme. "Só Deus sabe como é grande", respondeu o novo primeiro-ministro.[2] A terceira pessoa com quem Churchill falou a respeito foi sua esposa, Clementine, a quem disse na manhã seguinte: "Só existe um homem que pode me expulsar desse cargo: Hitler".[3] Anos depois, disse também ao seu médico: "Por fim consegui disciplinar aquela bagunça toda. Não tive nenhum sentimento de inadequação pessoal, nem nada do tipo".[4]

Se Churchill não tinha "nenhum sentimento de inadequação pessoal", isso se devia a ele ser um aristocrata vitoriano nascido na época em que as classes aristocráticas britânicas estavam no ápice do maior Império que o mundo jamais vira, e com seu histórico familiar, sua educação e sua carreira militar ele realmente não tinha razão alguma para se sentir inadequado acerca de nada. Churchill nascera no maior palácio da Inglaterra — sem excluir os da realeza —, era neto de um duque e nem um pouco o palerma que, de forma autodepreciativa, ele descreve ter sido, na autobiografia *Minha mocidade*. Além disso, já ocupara vários dos cargos mais importantes do Estado e sabia que também poderia ocupar o posto de primeiro-ministro, tal como desejava desde que ingressara na política, mais de quatro décadas antes.

Churchill fora o mais jovem secretário de Estado em setenta anos; o primeiro lorde do almirantado mobilizando a Marinha Real ao eclodir a Primeira Guerra Mundial; ministro das Munições quando esse ministério empregava 2,5 milhões de pessoas, sendo o maior empregador civil do Império britânico; e ministro da Fazenda por cinco anos. Tornou-se primeiro-ministro aos 65 anos — três a mais do que a idade em que os funcionários públicos se aposentavam; e fizera bem mais de mil discursos. Como disse em suas memórias de guerra: "Julguei que sabia bastante sobre aquilo tudo e tinha certeza de que não iria fracassar. Portanto, apesar de impaciente pela chegada da manhã seguinte, dormi profundamente e não tive necessidade de sonhos para me incentivar. Os fatos são melhores do que os sonhos".[5]

Antes mesmo de conquistar seu assento no Parlamento, aos 25 anos de idade, Churchill já havia lutado em quatro guerras, publicado cinco livros, escrito 215 artigos em jornais e revistas, participado da maior carga de cavalaria dos últimos cinquenta anos e conseguido uma fuga ousada de um campo de prisioneiros de guerra. "Aos 25 anos, já lutara em mais continentes do que qualquer soldado da história, exceto Napoleão", disse um perfil da época, "e participara de tantas campanhas quanto qualquer general vivo."[6]

A educação de Churchill, tal como a de Napoleão, fora concebida conscientemente para formar alguém capaz de conduzir homens à batalha. Na escola, ingressou no corpo de treinamento de oficiais, teve que aprender as famosas canções da Harrow School, cheias de exortações a atos patrióticos de coragem, e depois frequentou a Real Academia Militar de Sandhurst, cujo espírito era totalmente dedicado a produzir o tipo de oficial capaz de conquistar posições sob fogo inimigo e de planejar e executar campanhas mais amplas. Tal como no tempo de Napoleão, era fina a linha divisória entre as Forças Armadas e a política: muitos militares entraram na Câmara dos Comuns enquanto Churchill lá esteve. De fato, a principal razão de Churchill para ingressar no Exército britânico foi ganhar uma reputação de bravura, o que lhe permitiria conquistar um eleitorado no Parlamento, pois não tinha dinheiro suficiente para fazê-lo, devido à imprevidência de seus pais e à morte prematura do pai.

No entanto, a outra razão — na verdade, a principal — pela qual Churchill sentiu que poderia "por fim disciplinar aquela bagunça toda" e pela qual não tinha "nenhum sentimento de inadequação pessoal, nem nada do tipo" foi que ele sempre acreditou que seu destino era, algum dia, salvar o Império britânico. Aos dezesseis anos de idade, em Harrow, Churchill fez essa previsão, em conversa com seu amigo Murland Evans:

> Vejo vastas mudanças chegando a um mundo agora pacífico, grandes revoltas, lutas terríveis; guerras como não se pode imaginar; e eu lhe digo que Londres estará em perigo — Londres será atacada, e eu terei um papel proeminente na defesa de Londres; vejo isso no futuro. Este país será submetido, de alguma forma, a uma tremenda invasão, por quais meios não sei, mas afirmo que estarei no comando da defesa de Londres, e salvarei Londres e a Inglaterra do desastre. Os sonhos do futuro são vagos, mas o objetivo principal é claro. Repito: Londres estará em perigo e, na elevada posição que ocuparei, caberá a mim salvar a capital e o Império britânico.[7]

Churchill havia mapeado precisamente seu destino já na adolescência e não se desviou dele até que, aos 65 anos e considerado por muitos — inclusive por Adolf Hitler — como alguém já irremediavelmente obsoleto, chegou ao poder e prosseguiu exatamente com o destino que havia prescrito para si mesmo meio século antes.

Sempre se presumiu que foram os inúmeros episódios em que viu a morte de perto que o fizeram ter tanta certeza de que seu destino o protegeria até chegar o momento em que poderia salvar Londres e a Inglaterra. Pois mesmo se excetuarmos as experiências muito frequentes de flerte com a morte durante as guerras, em que se colocou deliberadamente em perigo — tais como as não menos de trinta ocasiões em que se aventurou na terra de ninguém nas trincheiras da Primeira Guerra —, houve muitos outros casos em tempos de paz em que pareceu que ele não viveria o suficiente para cumprir o seu destino.

Churchill nasceu dois meses prematuro. Sofreu três acidentes de carro e duas quedas de avião. Teve traumatismo craniano e ficou inconsciente durante vários dias, depois de pular de uma ponte de dez metros de altura; estava alojado na parte de uma casa que sofreu um incêndio no meio da noite e ficou totalmente destruída; quase se afogou no lago Genebra; foi esfaqueado quando garoto, na escola; e teve quatro crises graves de pneumonia, bem como uma série de ataques cardíacos. Em retrospecto, a falta de uma tentativa de assassinato é uma ausência curiosa numa vida repleta de perigos. Costumava se queixar à esposa, Clementine, de que achava difícil contratar um seguro de vida, o que no caso é difícil de compreender.

"Às vezes, quando ela faz uma cara feia de desprezo", escreveu Churchill sobre a Fortuna, a deusa da sorte, "está preparando seus presentes mais deslumbrantes."[8] Por exemplo, como havia torcido o ombro ao pular do barco que o levou ao seu primeiro posto oficial no exterior, na Índia, em 1896 — uma lesão que perdurou por muitos anos —, teve que usar seu revólver Mauser, em vez de uma espada, durante a famosa carga da 21ª Brigada de Lanceiros na Batalha de Omdurman, dois anos depois. Isso lhe possibilitou matar quatro dervixes, ou madistas, à queima-roupa, incluindo um que tentava cortar com uma cimitarra os tendões da pata de seu cavalo. Estar a pé naquela confusão, em que os Lanceiros estavam em minoria de um para dez, significava grande chance de morte: o regimento sofreu quase 25% de baixas.

Foi em parte o período extremamente perigoso que Churchill passou na fronteira entre o Afeganistão e o Paquistão, em 1896 e 1897, e no Sudão, em 1898, quando viu de perto o fundamentalismo islâmico militante, que lhe permitiu identificar a natureza fanática do nazismo que muitos de seus colegas políticos não perceberam, na década de 1930. Neville Chamberlain encontrou-se com Adolf Hitler três vezes mas não percebeu, em absoluto, o frio fanatismo dos nazistas e seu credo, enxergando o Führer apenas nos termos clássicos do preconceito britânico de classes, como "o cachorrinho mais comum e ordinário que já se viu".[9] Churchill nunca se encontrou pessoalmente com Hitler, mas, tendo bem cedo na vida presenciado o fanatismo em ação e lembrando-se dos amigos que haviam sido massacrados por pachtos, talibãs e dervixes, ele compreendeu de imediato o mesmo fenômeno nos nazistas.

A outra característica essencial nesse aspecto era seu filossemitismo. Uma das poucas coisas boas que herdou do pai, lorde Randolph Churchill, foi ser educado para gostar, admirar e socializar com os judeus — atitudes muito incomuns e diferentes das adotadas pela maioria das elites vitorianas de sua juventude. Sendo assim, Churchill tinha um mecanismo de alerta que logo lhe permitiu reconhecer em Hitler, desde o início, uma força malévola no cenário mundial. Clement Attlee disse que, na Câmara dos Comuns, antes da guerra, Churchill lhe falou chorando sobre o sofrimento dos judeus na Alemanha nazista, algo que nunca deixou de denunciar. Essa não era, de modo algum, a posição da maioria dos políticos britânicos na Câmara dos Comuns da época, fossem de esquerda ou de direita. "Por que seu chefe é tão violento com os judeus?", perguntou Churchill ao publicitário de Hitler, Ernst Hanfstaengl (chamado "Putzi"), quando houve uma chance de se encontrar com Hitler em Munique, em 1932. "Qual é o sentido de ser contra alguém simplesmente por causa do seu nascimento? Como alguém pode influenciar o seu nascimento?"[10] Como era de se esperar, o encontro não ocorreu.

Embora Churchill acreditasse em um ser todo-poderoso, ao que parece o papel do Ser Supremo na sua teologia era, sobretudo, cuidar da segurança de Winston Churchill. Não acreditava que Jesus Cristo fosse divino, embora o visse como um rabino muito sábio e carismático, que dera à humanidade o que Churchill chamava de "a última palavra em termos de ética". Nesse sentido, sua crença religiosa, que ele próprio chamou de Religião da Mente Saudável, estava teologicamente muito mais próxima do judaísmo que da Igreja Anglicana em que nascera. Ele brincava dizendo que via seu relacionamento com a Igreja Anglicana como um arcobotante, no sentido de que ele a apoiava, mas pelo lado de fora. Assim, sua visão da religião tendia a aumentar e apoiar seu senso de destino pessoal — o qual, por sua vez, foi importantíssimo na sua liderança.

Outro elemento importante de suas convicções foi sua admiração pelo Império britânico, que ele considerava um sucessor digno dos grandes impérios do passado e a principal glória do povo britânico na sua época. Em seus grandes discursos proferidos nas duas guerras mundiais, fazia constantes referências ao fato de que a população britânica não estava lutando apenas por si mesma, mas também pelos povos nativos do mundo, que ele considerava a família britânica ampliada no exterior, e vice-versa. Aqui também o senso de dever e o senso de destino se entrelaçavam. Churchill tinha uma profunda consciência, especialmente durante a Segunda Guerra Mundial, de como essa luta estava enfraquecendo o Império britânico e suas chances de sobrevivência; e, no final da vida, quando as colônias na Ásia e na África ganharam a independência, julgou ter fracassado por não ter conseguido defender melhor o Império.

Com exceção do filossemitismo — que iria se transformar num sionismo plenamente adotado, muito antes da Declaração Balfour, de 1917 —, Churchill recebeu pouca coisa louvável ou digna de valor do pai, que o desprezava e o sabotava em todas as oportunidades. De fato, quanto mais seu pai era indiferente e desdenhoso com ele, mais Churchill o adorava, ao que parece. O único outro favor que lorde Randolph fez ao filho foi morrer aos 45 anos, quando Churchill tinha apenas vinte, permitindo-lhe assim escapar da influência estupidificante desse homem volúvel, perspicaz, intelectualmente brilhante, instável, controlador e por vezes profundamente desagradável. Em certo sentido, ao longo de toda a vida Winston Churchill esforçou-se por impressionar a sombra do pai ausente, apesar de ter recebido dele pouca coisa além de irritação e, ocasionalmente, desprezo.

No entanto, Churchill acabaria por adotar a política democrata Tory, conservadora, do pai, assim como muitos de seus maneirismos e várias de suas inimizades. Escreveu uma biografia em dois volumes do pai, deu a seu único filho o nome de Randolph e fantasiou sobre um reencontro com o pai em um ensaio lindamente escrito intitulado "The Dream" [O sonho], de 1947. Quando se tornou, por fim, financeiramente solvente — o que só veio a acontecer aos 73 anos de idade —, comprou cavalos de corrida e vestiu os jóqueis com uniformes como os do pai, cor de rosa e marrom.

"As árvores solitárias, quando crescem, crescem fortes", escreveu Churchill em seu livro *The River War* [A Guerra do Rio], "e um garoto privado dos cuidados do pai frequentemente desenvolve, se conseguir escapar dos perigos da juventude, uma independência e um vigor de pensamento capazes de restaurar na vida adulta a pesada perda sofrida na juventude."[11] Nessa passagem, Churchill se referia, ostensivamente, ao líder espiritual do Sudão, o mádi; mas, tal como em inúmeros de seus escritos e discursos, e até nos discursos fúnebres oferecidos aos amigos, havia também muitas referências a si próprio.

Churchill estava em lágrimas ao falar com Attlee sobre o destino dos judeus alemães, e cabe notar que boa parte do tempo ele era extraordinariamente lacrimoso. As lágrimas lhe vinham facilmente aos olhos; na verdade, por vezes lançava mão disso como arma política, mostrando ao público que estava genuinamente dominado pela emoção. Não podia se forçar a chorar a qualquer momento, mas podia deixar-se dominar pelas lágrimas com relativa facilidade se a ocasião fosse emotiva. Por exemplo, chorou em público em nada menos de cinquenta ocasiões durante a Segunda Guerra Mundial. "Eu choro muito, sabe?", disse a Anthony Montague Browne, seu último secretário particular. "Você tem que se acostumar com isso."[12] Montague Browne relembrou que as lágrimas de Churchill podiam ser provocadas por "relatos de heroísmo. [...] Um nobre cão lutando para correr na neve para alcançar seu dono seria algo que poderia lhe inspirar lágrimas. Era tocante. Eu achava perfeitamente aceitável". Churchill considerava sua lacrimosidade quase uma doença, dizendo ao médico que a datava de sua derrota, por 43 votos, na eleição suplementar de 1924 para membro do Parlamento. No entanto, chorou muitas vezes antes disso. Um diagnóstico mais preciso diria que ele era um aristocrata emotivo e sentimental do período da Regência, de uma maneira que antecedia a compostura impassível da Era Vitoriana. Por exemplo, todos os almirantes que levavam o caixão de Horatio Nelson na catedral de são Paulo, em 1806, estavam em lágrimas. Quando as pessoas viam Churchill chorar, não ficavam desconcertadas, como seria o caso hoje se vissem um primeiro-ministro em lágrimas: viam nele um líder que não se importava em extravasar publicamente seus sentimentos. Em uma visita às docas de Londres durante a blitz de 1940, por exemplo, seu chefe de gabinete, general Hastings Ismay, ouviu uma senhora idosa dizer: "Ele realmente se preocupa — veja como está chorando".[13]

Outro exemplo clássico de ocasião em que a deusa Fortuna lançou a Churchill um olhar feio de desprezo mas estava na verdade lhe preparando um presente foi quando ele chegou à África do Sul, em outubro de 1899, e tentou entrar na cidade de Ladysmith. Não conseguiu, porque, àquelas alturas, os bôeres haviam cortado a ligação ferroviária sobre o rio Tugela e estavam prestes a sitiar a cidade. Mais uma vez, Churchill teve sorte no infortúnio, pois se tivesse entrado em Ladysmith teria sido encarcerado ali até a libertação da cidade, três meses depois, em vez de seguir o caminho que o tornaria famoso: para o trem emboscado e a subsequente fuga da prisão. (A taxa de soldados britânicos mortos naquela emboscada foi de 34%, ainda mais alta do que em Omdurman.)

Churchill constatou repetidas vezes na vida política que o Destino, a Sorte, o Acaso, a Fatalidade ou a Providência — costumava usar qualquer dessas palavras de maneira intercambiável ao escrever sobre o assunto, o que fazia frequentemente — estava a seu favor, mesmo quando parecia estar agindo contra ele. Por exemplo, perdera por um fio a eleição suplementar para membro do Parlamento em 1899 mas, não tivesse havido a diferença de apenas 2% em favor dos Liberais, ele teria entrado para a Câmara dos Comuns — e então não teria ido para a África do Sul e tido a oportunidade de fazer seu nome, não apenas em nível local ou nacional, mas sim uma reputação internacional, apenas cinco meses depois.

Em março de 1931, Churchill escreveu um artigo na *Strand Magazine* intitulado "If I Lived My Life Again" [Se eu pudesse viver minha vida novamente], lembrando todas as reviravoltas que teve em sua carreira e como ela poderia ter transcorrido de outra maneira. "Se olharmos para trás na vida", escreveu ele, "veremos que uma de nossas experiências mais comuns é que fomos ajudados pelos nossos erros e prejudicados pelas nossas decisões mais sagazes."[14] Concluiu então:

> Vamos nos reconciliar com o ritmo misterioso do nosso destino, tal como ele deve ser neste mundo de espaço e tempo. Vamos apreciar como um tesouro cada uma de nossas alegrias, e não

lamentar nossas tristezas. A glória da luz não pode existir sem suas sombras. A vida é um todo, e o bem e o mal devem ser aceitos conjuntamente. A viagem tem sido prazerosa e vale a pena fazê-la. Apenas uma vez.[15]

Em 1939, Churchill estava naquela penumbra entre o político veterano e o estadista idoso, mas não havia desistido de tornar-se primeiro-ministro, por mais improvável que isso parecesse. Seus seguidores na Câmara dos Comuns podiam ser contados nos dedos de uma mão, e nem mesmo Clementine acreditava mais que ele se tornaria primeiro-ministro. Mas — este é o ponto crucial — ele próprio nunca perdeu a esperança. Além da visão de futuro, seu altíssimo nível de autoconfiança era parte essencial de sua capacidade de liderança, e já era evidente décadas antes do início da guerra. Tal como ocorria com outros líderes retratados neste livro, o fracasso era visto meramente como um revés temporário que precisava servir de lição e depois deixado para trás enquanto se seguia adiante.

Escrevendo para Clementine das trincheiras da Primeira Guerra Mundial, no ponto mais baixo de sua vida, após a catástrofe de Dardanelos, quando havia proposto uma campanha militar na Turquia que fracassara terrivelmente, Churchill cunhou uma das frases mais profundas de sua prodigiosa produção literária, que alcançou 6 milhões de palavras — e 8 milhões de palavras faladas —, quando disse: "Eu não teria feito nada se não tivesse cometido erros".[16] Uma das frustrações de se tentar analisar Churchill é que ele próprio sempre se analisou muito melhor.

Quando finalmente se tornou primeiro-ministro, em maio de 1940, os britânicos haviam perdido a guerra — em todas as áreas, por qualquer métrica —, mas havia uma enorme diferença entre perder uma guerra e perceber que a guerra estava perdida. Isso era ainda mais verdadeiro quando o país estava agora liderado por um romântico aristocrata inglês, um historiador e romancista que vivera em um mundo povoado pela rainha Elizabeth I, sir Francis Drake, o almirante Nelson, os duques de Marlborough e Wellington e outros heróis e heroínas que primeiro sobreviveram e depois triunfaram sobre diversas tiranias vindas da Europa continental. O dever principal de Winston Churchill em 1940 e 1941 era impedir que a população britânica percebesse que havia perdido a guerra — e ninguém fez isso melhor que ele, até porque ele próprio se recusava terminantemente a aceitar a lógica da situação. As razões que dava para o otimismo em seus grandiosos discursos mal e mal mereciam crédito; mas no final ele foi salvo pela invasão de Hitler à Rússia e, seis meses depois, pela declaração de guerra da Alemanha contra os Estados Unidos.

Mesmo algumas das derrotas britânicas no início da guerra podem ser consideradas ocasiões em que a deusa Fortuna aparentava desprezo enquanto preparava um presente. O presente mais deslumbrante da Segunda Guerra Mundial, o que matou 80% de todos os alemães que morreram em batalha durante o conflito, foi a decisão de Hitler de invadir a Rússia em junho de 1941. A Operação Barbarossa poderia ter ocorrido seis semanas antes, mas Churchill havia apoiado a insurreição iugoslava no final de março e enviado uma força expedicionária para a Grécia. Os gregos foram forçados a capitular em 23 de abril de 1940; embora o apoio de Churchill ao golpe na Iugoslávia e a intervenção na Grécia tivessem parecido desastrosos na época, mais tarde se mostraram lances inspirados, ainda que não por influência das forças britânicas.

Em agosto de 1941, Churchill disse a seu secretário particular, Jock Colville, que o golpe na Iugoslávia "pode muito bem ter desempenhado um papel vital na guerra", já que levou Hitler a "trazer de volta do norte suas divisões *Panzer* e adiou por seis semanas o ataque à Rússia".[17] Após a guerra, um alto funcionário alemão, Günther Blumentritt, confirmou isso, ao dizer que "o incidente nos Bálcãs adiou o lançamento da campanha [da Rússia] por cinco semanas e meia", enquanto outro estrategista sênior, o general Siegfried Westphal, falou em seis semanas.[18] Como os alemães só conseguiram chegar a Moscou no outono, quando a estação das chuvas na Rússia se transformou num inverno tão frio que a gasolina congelava e o Exército alemão ficou imobilizado às portas da cidade, dando aos russos a oportunidade de contra-atacar em dezembro, a lei de ferro das consequências não intencionais agiu mais uma vez a favor de Churchill.

Quando um parlamentar Tory criticou Churchill por correr o risco de visitar a frente de batalha apenas seis dias após o Dia D, Brendan Bracken, ministro da Informação e o amigo mais próximo do primeiro-ministro, deu uma resposta espirituosa e apaixonada: "Nem o honrado e valente cavalheiro membro desta casa, nem ninguém, pode convencer o primeiro-ministro a se resguardar. Ele é inimigo do resguardo em pensamentos, palavras ou atos. Humildemente afirmo que, nos próximos anos, um povo agradecido e afetuoso dirá que foi o destino que alçou Winston Churchill à liderança. E os homens de destino nunca levaram em conta os riscos".[19]

Muitas vezes em sua vida a recusa de Churchill de levar em conta os riscos o traíra. Sua incapacidade de pesar o risco e a recompensa com frequência o conduziu ao desastre. No entanto, ele aprendeu com cada erro, o que é realmente a única coisa que importa. A catástrofe de Dardanelos, por exemplo, o ensinou a nunca se sobrepor aos chefes do Estado-Maior durante toda a Segunda Guerra. Enquanto isso, os políticos que avaliavam cuidadosamente os riscos e as recompensas recomendavam um caminho que, se tivéssemos seguido, poderia ter levado à extinção da liberdade — inclusive nos Estados Unidos — por séculos afora.

Se o Reino Unido tivesse caído em 1940 e a Marinha Real — decerto a mais poderosa do mundo na época — tivesse sido forçada a se unir às forças da Alemanha, da Itália e da França, a Marinha dos Estados Unidos pouco poderia fazer para proteger a costa leste americana. Portanto, os americanos não poderiam ter entrado na guerra contra a Alemanha, ou Miami, Charleston, Washington, Nova York, Baltimore e Boston teriam sido destruídas por bombardeios navais. Mas esses pesadelos não se realizaram; em vez disso, houve um homem que, aos dezesseis anos de idade, disse: "Estarei no comando da defesa de Londres, e salvarei Londres e a Inglaterra do desastre". Esse profundo senso de destino e a capacidade de liderança em tempos de guerra significaram que Winston Churchill foi capaz de salvar do desastre não apenas Londres e a Inglaterra, mas, em última análise, a própria civilização.

4. Adolf Hitler

1889-1945

QUALQUER TENTATIVA DE COMPREENDER Adolf Hitler deve começar reconhecendo o fato de que ele foi imensamente admirado e até idolatrado por milhões de pessoas normais durante mais de uma década. É claro que Leni Riefenstahl dirigia o ângulo das câmeras e as tomadas em movimento de filmes como *O triunfo da vontade* — onde se veem centenas de milhares de alemães, pessoas comuns, em transe de adoração pelo seu Führer —, mas ninguém sugere que essas pessoas estivessem atuando, como figurantes num set de filmagem. Aquilo tudo estava realmente acontecendo, e assim foi durante anos. Hitler foi alvo de adoração em um grau raramente visto em relação a qualquer político, antes ou depois dele.

No entanto, apesar dessa prolongada adoração por milhões de pessoas, que continuou mesmo depois que ficou evidente que ele estava perdendo a guerra mais devastadora da história humana, o foco de tudo isso, Adolf Hitler, era, em si mesmo, um indivíduo absolutamente medíocre. Por ter sido a figura central da primeira metade do século XX — talvez até o símbolo desse terrível século de ressentimentos, ódio, violência e crueldade —, poderíamos presumir que um tal ídolo deveria ser intrinsecamente interessante como pessoa. Mas o fato é que ele simplesmente não era. Fisicamente banal; com um QI relativamente alto, mas uma mente que só funcionava dentro de trilhos muito estreitos; incapaz de uma interação humana normal baseada na igualdade; pouco à vontade em qualquer situação que se aproximasse de debate ou discussão; um terrível sabe-tudo, tedioso e dado a teorias conspiratórias; sem um vestígio de senso de humor; muito pouco viajado, mesmo na Europa, nem sequer quando a dominou — Adolf Hitler foi uma nulidade como ser humano. (Era também vegetariano, abstêmio e não fumante; uma ou duas dessas mazelas talvez fossem aceitáveis, mas ele tinha as três.) Era uma pessoa totalmente desprovida de autoconsciência; imensamente arrogante (ainda pior que Mussolini); como escritor, medíocre; e, como se viu, inútil como estrategista militar. Mesmo como orador, quando teve sucesso ao manipular os ressentimentos de seu povo, hoje é fácil identificar os truques retóricos que usava.

Sendo assim, como se explica que esse ser humano de uma mediocridade patética — o tipo de pessoa com que cruzaríamos na rua sem sequer notar, em vez de atravessar rápido a rua para evitá-lo — tenha sido cultuado pelo povo por mais de uma década, no país mais avançado, social e cientificamente, da Europa continental, mesmo quando ele deliberadamente mergulhou a Europa na sua segunda guerra global em uma mesma geração? E, uma vez iniciada a guerra, por que tanta gente o seguiu até o amargo fim? Por que tantos generais que o procuraram para lhe dizer que a guerra estava perdida saíram, segundo eles mesmos reconheceram, convencidos a redobrar esforços para vencê-la?

Adolf Hitler foi, sem dúvida, carismático, mas o carisma é um truque. Bebês não nascem carismáticos; pode-se optar por adquirir carisma, e, com gênios do talento como Joseph Goebbels, encarregado da propaganda; Albert Speer, organizando os comícios em massa e seus cenários arquitetônicos; e Leni Riefenstahl, encarregada da luz, câmera e ação, ficou provado que era possível transformar esse homem inteiramente medíocre em uma superestrela carismática, especialmente quando ele próprio tinha pensado cuidadosamente na maneira de fazê-lo. Usava pequenos truques, como encarar a pessoa nos olhos sem piscar e nunca ser fotografado de óculos ou em roupa de banho. Sua política deliberada de não se casar com Eva Braun até um dia antes do duplo suicídio do casal se destinava a aumentar o fascínio que ele exercia sobre as mulheres alemãs — durante seu governo, recebeu milhares de cartas de amor e propostas de casamento de *Mädchen* (senhoritas) arianas. O método usado em seus discursos, de aumentar gradual e imperceptivelmente o ritmo e o volume da fala à medida que a arenga prosseguia, enquanto ia encurtando as palavras e as frases, criava uma empolgação na plateia que contribuía ainda mais para o carisma. E, acima de tudo, seu controle totalitário de todos os meios de comunicação do Reich significou que por doze anos ele foi apresentado continuamente, no rádio e nos jornais, como uma quase divindade carismática. Quando uma mentira é contada com muita frequência, em alto volume e sem oposição, as pessoas acabam acreditando, na falta de evidências óbvias em contrário.

Certamente não foi seu talento para a escrita que tornou Hitler tão atraente para o *Volk*, o povo alemão. *Minha luta* é repetitivo, discursivo, muito pesado e ainda mais tedioso que *O capital*, de Marx. Nele Hitler se expõe como uma versão barata de Nietzsche, sem a capacidade do filósofo de elaborar epigramas sintéticos; sua tentativa de estender o darwinismo à política chegou a um ponto que o próprio Darwin logo a teria descartado. A fraseologia de *Minha luta* é tal que é difícil encontrar em todo o livro uma única frase memorável e digna de citação — o que é surpreendente, considerando o papel que seu autor desempenhou no século XX e que se trata de seu testamento político.

Felizmente, sabemos o que Adolf Hitler pensava intimamente durante a fase central da guerra, bem como o que se dispunha a dizer publicamente. Noite após noite, no Berghof, seu refúgio alpino em Berchtesgaden, na região de Obersalzburg, Bavária, e também no Wolfsschanze (Covil do Lobo), quartel-general na Prússia oriental, ele mantinha seus convidados e outros presentes acordados até o raiar do dia com monólogos intermináveis. E, de setembro de 1941 ao final de 1942, tudo foi devidamente anotado por Martin Bormann, chefe da chancelaria do Partido Nazista, e transcrito após a guerra pelo grande historiador britânico Hugh Trevor-Roper, sob o título de *Hitler's Table Talk* [Conversas de Hitler à mesa].

O livro contém as teorias e os pensamentos do Führer sobre tudo o que se possa imaginar. Lá nos Alpes bávaros, ao crepitar da lenha em enormes lareiras, sentados nas vastas salas de jantar e de estar, com quadros horrorosos nas paredes e cadeiras a metros de distância uma da outra, todos ouviam Hitler falar longamente, assentindo e rindo com deferência a cada uma de suas tentativas de fazer graça. Em nenhum lugar das 745 páginas há algum registro de alguém questionando, interrompendo ou discordando dele — enquanto ele expunha suas ideias totalmente bizarras, uma após a outra.

Aqui estão, portanto, algumas das crenças de Hitler, tal como transmitidas por ele mesmo ao seu círculo de adoradores, sem nada acrescido ou suprimido por ninguém, especialmente por Bormann, que acreditava, sem dúvida, que eram visões de um gênio insuperável que mereciam ser salvas para a posteridade.

"Basta um tcheco cultivar um bigode para qualquer um perceber, pelo jeito como se curva para baixo, que sua origem é mongol", afirmou Hitler, em janeiro de 1942.[1] "Está provado que a alimentação vegetariana — e especialmente uma dieta de cascas de batata e batatas cruas — cura o beribéri em uma semana", disse em outra ocasião a seus ouvintes, a propósito dessa grave doença, causada por deficiência de tiamina, então encontrada na África.[2] Ele também acreditava saber o que os cães estavam pensando, dizendo que "quando um cachorro olha para ele de frente, de uma maneira vaga e com os olhos enevoados, sabemos que há imagens do passado se sucedendo em sua memória".[3] E Hitler dava vazão a dezenas de antipatias curiosas, por exemplo aos gramados das propriedades rurais inglesas, que por algum motivo ele detestava.

"Tal como as cabras montesas, é raro encontrar garotas nas montanhas", disse sobre sua Áustria natal. "Devo dizer que admiro aqueles rapazes que vagam por horas durante a noite, carregando uma escada pesada e correndo o risco de serem mordidos pelo cão de guarda — ou de levar um balde de água fria na cabeça em troca de seus esforços! [...] Na Áustria, é na Caríntia que predominam essas práticas felizes, e é lá que se encontram as moças mais bonitas!".[4] Alegava também que, entre outras razões, era tão resistente fisicamente porque seu pai criava abelhas, que o picavam com frequência. Não era raro sua mãe tirar quarenta ou cinquenta ferrões de abelha do pai quando este voltava da visita às colmeias, já que o homem se recusava a usar o equipamento de proteção e confiava na fumaça do charuto para se proteger, apesar das amplas evidências diárias de que isso não adiantava.

Uma característica recorrente das conversas do Führer à mesa era uma infindável e implacável misoginia. A razão pela qual ele preferia comer num bufê aos jantares sentados era porque nestes, como havia lugares definidos à mesa, "a pessoa tem que aguentar a noite inteira a mesma mulher ao seu lado". Afirmou que sempre preferiu uma mulher dedicada à cozinha a uma mulher inteligente. "Ninguém como Wagner teve a sorte de ser totalmente compreendido por uma mulher", afirmou ele.[5] "Uma mulher que ama o marido vive apenas em função dele."[6] Em outra ocasião, disse aos ouvintes: "Detesto mulheres que se intrometem na política. E, se a intromissão se estende a questões militares, torna-se totalmente insuportável. Em nenhuma seção local do Partido jamais uma mulher teve o direito de ocupar nem sequer o cargo mais modesto".[7]

Para Hitler, as mulheres tinham apenas quatro papéis na vida: maternidade, ensino primário, obras de caridade e decoração de interiores. "Um homem gritando não é uma cena bonita, mas se for uma mulher é terrivelmente chocante", disse certa vez com impressionante hipocrisia, considerando os decibéis que seus próprios discursos alcançavam. "Quanto mais ela usa os pulmões, mais estridente sua voz se torna."[8] Em 10 de março de 1942, Hitler afirmou que "o universo do homem é vasto comparado ao da mulher. O homem se ocupa com suas ideias, suas preocupações. [...] O universo da mulher, por outro lado, é o homem. Ela não enxerga mais nada, por assim dizer, e é por isso que é capaz de amar tão profundamente".[9] Na mesma noite, disse também: "Nunca leio romances. Esse tipo de leitura me aborrece".[10] Não que, como chanceler do Reich, posto equivalente a chefe do governo, não tivesse tempo para ler romances, mas o mundo da ficção, isto é, da imaginação humana, o irritava.

Havia também previsões sem fim, das quais praticamente nenhuma veio a se concretizar. "Um dia a Inglaterra e a América entrarão em guerra entre si, uma guerra que será travada com o maior ódio imaginável", disse. "Um dos dois países terá que desaparecer." Em outra ocasião: "Será um exército alemão-britânico que expulsará os americanos da Islândia".[11] Em suas conversas à mesa, Hitler fazia, página após página, numerosas previsões de longo prazo sobre o mundo, e errou quase todas.

Praticamente todas as conversas registradas por Bormann contêm referências aos judeus, sobre quem acreditava em todos os clichês antissemitas costumeiros, é claro, mas também em vários outros que não se encontram nem nos *Protocolos dos sábios de Sião*. "Não há seres dotados de maior capacidade de resistência quanto à adaptação ao clima", afirmou Hitler, em abril de 1942. "Os judeus podem prosperar em qualquer lugar, mesmo na Lapônia e na Sibéria."[12] Estava convencido de que o presidente Franklin D. Roosevelt era judeu: "A aparência completamente negroide de sua esposa é uma clara indicação de que ela também é mestiça", disse.[13] Hitler detestava especialmente os filantropos judeus: "Eles se tornam filantropos", queixou-se, em janeiro de 1942, "eles sustentam instituições. Quando um judeu faz isso, o fato imediatamente chama a atenção — porque é bem sabido que eles são cachorros sujos. Como regra geral, são os mais trapaceiros entre eles que se dedicam a esse tipo de coisa. E então os pobres arianos ingênuos dizem: 'Está vendo, *existem* judeus bons!'".[14]

O ódio de Hitler pelos judeus não podia suportar a clara evidência arqueológica de que eles tinham uma longa linhagem originária da antiga Palestina; assim, ele proclamava a crença em "um desastre que destruiu completamente uma humanidade que já possuía um alto grau de civilização. Os fragmentos da nossa pré-história talvez sejam apenas reproduções de objetos que pertenceram a um passado ainda mais distante. [...] Que prova existe de que o machado de pedra que redescobrimos foi realmente inventado pelos seres que o usaram? Parece-me mais provável que esse objeto seja uma *reprodução* em pedra de um machado que existiu anteriormente, feito de algum outro material".[15] Achava provável que "a civilização que existiu antes do desastre" tenha florescido nos três quartos da Terra cobertos pelos oceanos. A crença na Atlântida costuma andar de mãos dadas com ideias amalucadas de ficção científica; e com certeza o Führer também tinha muitas dessas.

"Na verdade, não é impossível", disse ele aos seus ouvintes, que nessas alturas deveriam estar incrédulos, "que 10 mil anos antes da nossa era tenha havido um choque entre a Terra e a Lua que deu à Lua sua órbita atual. [...] Podemos imaginar que, antes desse acidente, o homem poderia viver em qualquer altitude, pela simples razão de não estar sujeito à limitação da pressão atmosférica."[16] Qualquer um de seus ouvintes com a mais básica pitada de conhecimento científico deve ter percebido que isso era uma tolice absoluta, mas não há indicação de que alguém quisesse arriscar uma viagem de ida sem volta a Dachau por contradizê-lo. É o tipo de coisa que pessoas com transtornos mentais costumavam escrever em suas cartas aos jornais, juntamente com teorias de que o Vaticano, a CIA e os participantes do Grupo Bilderberg faziam parte de uma conspiração secreta para impedir que o mundo descobrisse o que realmente tinha acontecido em Roswell, em 1947. As analogias modernas mais próximas do que Hitler dizia poderiam ser os delírios do reverendo Jim Jones na Guiana ou de David Koresh em Waco — com a diferença de que esse Hitler detinha o controle total de uma economia industrial moderna, o país mais poderoso da Europa, com enorme capacidade de ofensiva militar.

Os acólitos de Hitler ficavam acordados até o amanhecer, noite após noite, ouvindo tudo isso, raramente dizendo algo durante esses intermináveis monólogos solipsistas; e se dissessem algo, geralmente era para passar a conversa para outro tópico, não para questionar qualquer coisa que ele tivesse dito. Em uma democracia, se um chefe começa a dizer que é capaz de ler os pensamentos dos cachorros, que já existiu uma civilização superior em regiões submarinas, que os rapazes da Caríntia costumam vagar à noite carregando escadas contando com a possibilidade de seduzir as garotas locais, que os judeus não sentem frio e que cascas de batata podem curar doenças tropicais virulentas, existem medidas que podem ser tomadas para afastá-lo. No entanto, na Alemanha nazista só o que se podia fazer era reprimir o sentimento de que talvez o plano desse homem de invadir a Rússia — o maior país do mundo, com o dobro do tamanho da Europa — não era, afinal, uma ideia tão brilhante. Alguns generais tentaram mandá-lo pelos ares em julho de 1944, é claro, mas ninguém do seu círculo íntimo parece ter tentado contradizê-lo, ou mesmo pedido provas que sustentassem suas teorias ridículas.

Uma das razões pelas quais o intelecto de Hitler era tão medíocre, e vítima de ideias idiotas e teorias conspiratórias, era porque ele não aceitava nada que fosse criado por judeus. Hitler ignorava ou denunciava qualquer produto de séculos de civilização se tivesse sido originalmente pensado, escrito, pintado ou composto por judeus. Em consequência, as lacunas na sua compreensão e apreciação da história e da cultura eram, evidentemente, enormes.

Era também um terrível exibicionista. Obviamente, ser egomaníaco é uma espécie de pré-requisito para um ditador fascista — ou de qualquer outro tipo —, mas a interminável jactância de Hitler era extraordinária até mesmo para esses padrões. Não ter ninguém no seu círculo imediato para contradizê-lo significava que ele podia falar as coisas mais mirabolantes sobre si mesmo, sempre para sua maior vaidade e glória. De seus professores, disse: "Eu não era um aluno modelo, mas nenhum deles me esqueceu. Que prova do meu caráter!". Em outra ocasião: "Desde os dezesseis anos nunca fiquei doente", o que atribuía à sua força de vontade superior e ao fato de que, quando criança, usava calças curtas de couro o ano todo.[17] Em praticamente todas as suas histórias ele vencia a situação, derrotando a todos com seu brilhantismo.

Apenas em uma delas se saiu mal: a que contou sobre a única vez na vida em que ficou bêbado. Foi na noite em que recebeu seu certificado escolar, o que significava que havia passado nos exames. Bebeu um litro de vinho com os amigos e, ao amanhecer — depois de ser acordado por uma leiteira a caminho do estábulo —, descobriu que havia perdido o diploma. "Na distração causada pela embriaguez", lembrou-se mais tarde, durante a Segunda Guerra Mundial, "confundi o precioso pergaminho com papel higiênico". Ao chegar à escola, ficou consternado com o fato de que "meu diploma havia sido trazido de volta para a escola, mas rasgado em quatro partes e em condições um tanto inglórias. [...] Fiquei arrasado".[18] Levou uma carraspana do professor e, décadas depois, ainda tinha vergonha do incidente. No entanto, mesmo nesse episódio trivial e sórdido, saiu vencedor ao final, vangloriando-se: "Prometi a mim mesmo que nunca mais ficaria bêbado e cumpri minha promessa".

Por que esse arremedo de um super-homem ariano, esse homem absurdo, medíocre, grosseiro, egocêntrico e fisicamente banal foi tão popular, e por tanto tempo? Há várias razões. Era considerado altruísta, não corrupto pessoalmente. Muitos alemães acreditavam na teoria de sua própria superioridade racial, daí a importância da explicação dos nazistas — a *Dolchstosslegende*, o mito da punhalada pelas costas, segundo o qual a derrota do Exército alemão na frente ocidental em 1918 foi atribuída aos judeus, aos comunistas, aos derrotistas, aos aristocratas e aos *Untermenschen* (subumanos) na própria Alemanha. O povo alemão ansiava por uma desculpa para essa derrota que não se baseasse na verdade — ou seja, que seus exércitos haviam sido dominados e categoricamente derrotados no campo de batalha pelos Aliados no final do verão e outono de 1918. Qualquer explicação, por mais implausível que fosse, que culpasse os outros pela catástrofe lhes serviria como justificativa, algo a que se apegaram psicologicamente, por mais irracional que parecesse. Ao culpar todo mundo pela derrota, exceto o Exército alemão, Hitler estava satisfazendo um profundo desejo do *Volk* que nem os próprios alemães se davam conta de que tinham. Essa é a principal explicação para o fato de que um homem tão preguiçoso e essencialmente medíocre tenha sido capaz de comandar o povo alemão por tanto tempo. É por isso — e também, é claro, pela eficiência do Estado-Maior alemão antes e durante a Segunda Guerra Mundial, que Hitler foi capaz de alcançar tantos de seus objetivos até a queda de Stalingrado para os soviéticos, em fevereiro de 1943. Ele só enrijeceu seu controle sobre os aspectos estratégicos da guerra quando as coisas começaram a dar errado — precisamente o momento em que deveria ter dado mais autonomia aos comandantes que entendiam muito mais de estratégia militar do que ele, militares de carreira como Gerd von Rundstedt, Erich von Manstein, Heinz Guderian e Erwin Rommel.

Nos anos 1930, a direita se ressentia do envolvimento dos judeus na política em Berlim, e Hitler adotou as convicções e as políticas dos grupos paramilitares independentes, os *Freikorps*, que tinham diversas ideias — sobre antissemitismo, sobre a *Dolchstosslegende*, o uso da suástica e o título Führer (líder) — que já existiam muito antes do Partido Nazista. Os *Freikorps* cresceram após a derrota de 1918, como resultado da desorganização política e social da Alemanha, e eram milícias nacionalistas de direita, às quais pertenceram vários futuros nazistas, como Heinrich Himmler, Gregor Strasser e Rudolf Höss, o comandante de Auschwitz. Hitler copiou dos *Freikorps* grande parte de sua ideologia antissemita, ultranacionalista e revolucionária.

Em 1919, enquanto ainda estava no Exército como agente de inteligência, Hitler recebeu ordens de se infiltrar no Deutsche Arbeiterpartei (Partido Alemão dos Trabalhadores), que logo depois mudou de nome para Nationalsozialistische Deutsche Arbeiterpartei (Partido Nacional-Socialista dos Trabalhadores Alemães, ou NSDAP, conhecido como Partido Nazista). Tornou-se o membro número 55 e um orador público eficaz para o partido, e rapidamente se apaixonou por sua ideologia, bem semelhante à dos *Freikorps* e que ele próprio começou a moldar. Em julho de 1921, ao perceber que tinha um talento para a oratória que lhe permitia manipular os incontáveis ressentimentos dos ex-soldados derrotados, Hitler se tornou o seu líder. O momento-chave para a sua ascensão, porém, foi a tentativa do Putsch da Cervejaria, em 8 e 9 de novembro de 1923, em que quatro policiais e dezesseis nazistas foram mortos. Foi construído um mito heroico em torno do golpe fracassado, com reconstituições no aniversário da data, bandeiras, relíquias, ícones, a "Horst-Wessel-Lied" [Canção de Horst Wessel, hino do NSDAP] e assim por diante. As imagens e os ícones criptorreligiosos foram uma tentativa deliberada de formar um movimento em que Hitler era o profeta; mas era preciso haver uma Bíblia. O breve e confortável encarceramento de Hitler na prisão de Landsberg lhe deu a oportunidade ideal para aprimorar a ideologia e escrever *Minha luta*, em que argumentava que "aqueles que não querem lutar neste mundo de eterno combate não merecem viver".[19]

Em maio de 1928, os nazistas ainda tinham apenas 2,6% dos votos. No final da década de 1920, Hitler pediu abertamente a destruição de trinta outros partidos políticos, mas ninguém prestou atenção. O que impulsionou Hitler ao poder foi algo que os americanos fizeram em Nova York, e não o que ele mesmo não conseguira fazer em Munique. Devido ao crash de Wall Street e à Grande Depressão que se seguiu, a economia alemã foi submetida a outra crise de hiperinflação, além daquela que já a devastara no início da década. Pensava-se que o capitalismo havia fracassado e, como tantas vezes acontece em épocas de alto desemprego, as pessoas se voltaram para partidos políticos extremistas, de direita e de esquerda. Em 1932, os nazistas já eram o maior partido político da Alemanha. O presidente Hindenburg havia desdenhosamente chamado Hitler de "um cabo da Boêmia", mas Hitler recusou sua oferta de tornar-se vice-chanceler sob o ex-oficial de Estado-Maior Franz von Papen. Em janeiro do ano seguinte, Hindenburg nomeou Hitler chanceler, com Von Papen como vice.

Apesar de amado pelo povo alemão, Hitler nunca perdeu o ódio que nutria. Em outra pessoa tal adulação e sucesso poderiam ter abrandado sua fúria contra o mundo, mas não foi o caso com ele. Ele definiu seus inimigos cuidadosamente. Menos de 1% dos alemães eram judeus, organizadores comunistas ou políticos social-democratas. Portanto, a esmagadora maioria dos alemães não corria o risco de ser presa pelos nazistas, pelo menos até os últimos meses da guerra, quando cidadãos alemães comuns foram fuzilados em grandes números, acusados de derrotismo. Além disso, ao concentrar a adulação no chefe de Estado, por doze anos, e não no próprio partido, o sistema de propaganda de Goebbels tornou possível desprezar os nazistas e mesmo assim admirar Hitler. "Se o Führer soubesse o que seus maus conselheiros estavam fazendo" era um refrão comum, tal como fora dito acerca dos tsares na Rússia muitas décadas antes da Revolução.

O que poucos alemães sabiam, ou podiam imaginar a partir da propaganda que era divulgada por todos os meios de comunicação sem medo de contradição, era que o Führer, na verdade, era extremamente preguiçoso. Muitas vezes ficava pensando sozinho até a hora do almoço e incentivava a competição entre seus ministros, preferindo não tomar decisões sobre política interna, se pudessem ser adiadas. Depois de 1938, parou totalmente de realizar reuniões de gabinete e, ocasionalmente, seu gabinete particular pedia aos ministros que não dessem ao Führer fatos sobre um dado assunto, pois ele preferia abordar as questões com a mente desobstruída de conhecimentos detalhados sobre os assuntos em pauta.

Há bem poucas provas de que os alemães comuns desejassem uma guerra em qualquer momento do período que vai de 1933 e 1939, quando ela eclode; porém há muitas evidências de que confiavam totalmente no Führer para fazer o que fosse melhor para eles, e depois de alguns golpes retumbantes, como a remilitarização da Renânia, em março de 1936, essa confiança cega parecia justificada. Em maio de 1937, Hitler havia decidido que era necessária uma guerra contra a França: "Meus generais devem querer guerra, guerra, guerra".[20] Quando comandantes de alta patente não concordavam com ele, como os generais Werner von Blomberg e Werner von Fritsch, Hitler logo os substituía por outros que seguissem seus planos revanchistas e expansionistas.

Em março de 1938, houve o *Anschluss*, a anexação da Áustria, outro golpe de proporções assombrosas. Os nazistas apelidaram a anexação de *Blumenkrieg* (guerra das flores), devido às rosas vermelhas e brancas espalhadas pelas ruas diante de Hitler enquanto ele atravessava Viena em carro aberto, diante de cerca de 200 mil austríacos que o acolhiam de braços abertos. Quando esse grande e antigo estado se anexou ao Terceiro Reich, não se disparou um tiro na Áustria, exceto por alguns judeus que preferiram cometer suicídio a fugir. Segundo o referendo posterior sobre a *Anschluss*, realizado sob os auspícios nazistas e em que os eleitores do "*Nein*", contrários à anexação, poderiam ser identificados pelas autoridades, 99,7% dos austríacos supostamente votaram "*Ja*", sim. (E, para garantir que não houvesse equívocos sobre o que se esperava do eleitor, o campo reservado ao "*Ja*" na cédula era muito maior que o do "*Nein*".)

Hitler ofereceu aos alemães e aos austríacos uma combinação incomum, mas inebriante, como se viu, de esperança e ódio. Para esses povos que em apenas uma década tinham sofrido com a derrota e depois a hiperinflação, aquilo funcionou. Eles quase não precisavam de uma imersão total na doutrina nazista, mas a tiveram, querendo ou não. Quando a guerra começou, um soldado alemão de dezoito anos de idade já vivera durante seis anos — o terço mais consciente de sua vida, desde os doze anos — sob um regime de doutrinação totalitária explicitado por Goebbels em reuniões com editores de jornais, e resumido na frase: "A liderança sempre tem razão".

Quando a França caiu, em junho de 1940 — graças, sobretudo, à brilhante manobra-surpresa do general Erich von Manstein no mês anterior, o "corte de foice" que despachara unidades móveis rápidas pela floresta das Ardenas, cercando pela retaguarda o Exército francês e o britânico até o canal da Mancha —, o chefe de gabinete de Hitler, Wilhelm Keitel, definiu o Führer como "o maior chefe militar de todos os tempos".[21] Os soldados da Wehrmacht, o Exército alemão, conseguiram em seis semanas o que seus pais e tios não tinham conseguido nos quatro anos de 1914 a 1918. Não admira que se considerassem invencíveis e seu Führer, infalível. Ele disse aos generais que a guerra estava ganha, e agora bastava que os britânicos aceitassem que haviam perdido.

É claro que Hitler odiava Churchill por ter unido e mobilizado o povo britânico, acusando-o de ser alcoólatra, instável e fantoche dos judeus. "Churchill é o típico jornalista corrupto", disse a seus acólitos, em fevereiro de 1942. "Não há prostituta pior na política. Ele é uma criatura totalmente amoral e repulsiva. Estou convencido de que já tem um refúgio à sua espera do outro lado do Atlântico. No Canadá, seria espancado. Assim, vai procurar seus amigos, os ianques."[22] É extraordinário que um líder como Hitler tenha chegado ao poder na mesma época em que líderes como Franklin Roosevelt e Winston Churchill, considerando-se que era completamente diferente destes. E a diferença básica é que Churchill e Roosevelt tentavam continuamente apelar para os melhores sentimentos da natureza humana — honra, dever, sacrifício, companheirismo e assim por diante.

Hitler revelou a seus generais seus planos para a Operação Barbarossa, a invasão da União Soviética, já em 31 de julho de 1940, enquanto a Batalha da Inglaterra ainda se desenrolava e onze meses antes de essa operação ser lançada. Como seus generais deveriam ter percebido, o que havia por trás daquela decisão era a ideologia nazista, e não uma sólida estratégia militar. O desejo de *Lebensraum* (espaço vital) para que o povo alemão pudesse se expandir para o leste era um sonho de Hitler desde que escrevera *Minha luta*. Já que, em 1941, mais da metade dos judeus da Europa viviam na União Soviética, ele também precisava invadi-la a fim de aniquilar os judeus. E, por fim, essa invasão poderia ser o que Goebbels e outros nazistas chamaram de "acerto de contas final" com os bolcheviques. Embora Hitler pudesse ter lançado a Operação Barbarossa em 1942 ou 1943, depois que o Reino Unido tivesse sido expulso do Oriente Médio (de onde vinha 80% de seu petróleo) ou sucumbido de fome por um bloqueio intensificado feito pelos submarinos, a obsessiva necessidade ideológica de Hitler o incentivou a atacar demasiado cedo. Mas quase nenhum de seus generais se recusou a obedecer.

Embora o ataque à Rússia tenha sido prematuro, em outro sentido ocorreu um pouco tarde demais. Por sentir necessidade de punir a Iugoslávia e a Grécia por se mostrarem pró-britânicas na primavera de 1941, Hitler perdeu seis semanas vitais subjugando esses dois países, tempo que teria sido precioso antes de o inverno acabar com a Batalha de Moscou, no final daquele ano. Mesmo assim, os sucessos iniciais da Operação Barbarossa foram impressionantes. A Wehrmacht percorreu 320 quilômetros na primeira semana da campanha, com o Grupo Central do Exército, do marechal de campo Fedor von Bock, capturando Minsk em 9 de julho. Em 3 de outubro de 1941, num discurso no Palácio de Esportes de Berlim, Hitler anunciou a derrota do Exército Vermelho com as palavras: "Posso afirmar que esse inimigo já foi derrubado e não se levantará novamente".[23]

Tal arrogância o levou a cometer um erro fundamental, o desvio de grandes forças da Operação Typhoon — a captura de Moscou — para a Ucrânia, ao sul. Embora tenha conseguido capturar Kiev e Kharkov, essas foram vitórias menores em comparação com o que a captura de Moscou representaria. Pensemos em seus outros terríveis erros estratégicos: tentar capturar o Cáucaso e alcançar o Volga simultaneamente; não recuar de Stalingrado, quando havia a possibilidade de um cerco; atacar na Batalha de Kursk tarde demais, quando os soviéticos já estavam totalmente preparados; cair no engodo dos Aliados durante a Operação Overlord (a Batalha da Normandia) e depois não reagir com rapidez suficiente quando a verdade se tornou evidente; permitir que meio milhão de homens fossem mortos, feridos ou capturados na Operação Bagration, em julho de 1944; e assim por diante. Podemos perceber que, para além da esmagadora questão moral, Hitler não merecia vencer a guerra com base na simples competência militar. Embora depois de sua morte seus generais tenham tentado, é óbvio, atribuir a derrota da Alemanha inteiramente a Hitler, tendo sido cúmplices entusiastas, fica claro pelas transcrições das conferências do Führer que Hitler controlava diariamente todos os aspectos estratégicos da guerra, desde o momento em que a vitória começou a parecer distante, no fim do verão de 1942, até o final.

O fato de mesmo assim a Alemanha ter conquistado grande parte da Europa foi um tributo à capacidade da Wehrmacht. No verão de 1942, em menos de oito semanas, esse Exército atravessou mais de oitocentos quilômetros no sudeste da Rússia, atingindo em agosto o Volga, que ficava a nada menos que 2,2 mil quilômetros de Berlim. “Nenhum ser humano pode nos tirar daqui”, vangloriou-se Hitler, em 30 de setembro.[24] Estava errado de novo e, nesse caso, o nome do ser humano era Gueorgui Jukov, marechal que comandava a frente soviética do sudoeste e coordenou o cerco de Stalingrado.

A declaração de guerra de Hitler contra os Estados Unidos, em 11 de dezembro de 1941, resultou, em parte, de ter subestimado absurdamente a capacidade produtiva americana, o que é ainda mais surpreendente se pensarmos no *Zweites Buch* [Segundo livro], a continuação do *Minha luta* que não chegou a publicar, no qual escreveu extensamente sobre o poderio da indústria americana. Além disso, os Estados Unidos eram um território que o Exército alemão jamais poderia invadir. A simples falta de uma estratégia de longo prazo parece ser mais um erro primário na *Weltanschauung* (visão de mundo) de Hitler. "É desnecessário dizer que não temos afinidade com os japoneses", disse ele no início de 1942; contudo, apenas quatro dias depois do ataque japonês a Pearl Harbor ele uniu sua sorte à deles, atirando-se contra a principal potência industrial do mundo.[25]

O Holocausto deve ser contado como outro erro econômico e militar, além do crime mais terrível da história da humanidade. Os que negam o Holocausto e apontam que não há nem um único documento com a assinatura de Hitler autorizando-o, e de fato não há, costumam ignorar, convenientemente, que decerto há palavras saídas dos lábios de Hitler que repetidas vezes fizeram exatamente isso. Ao meio-dia de 21 de outubro de 1941, Hitler disse aos seus próximos sobre os judeus: "Ao exterminar essa praga, prestaremos um serviço à humanidade do qual nossos soldados não fazem sequer ideia".[26] Quatro dias depois, falando com o SS Reichsführer Heinrich Himmler e o SS Obergruppenführer Reinhard Heydrich: "Da tribuna do Reichstag, profetizei aos judeus que, a guerra sendo inevitável, os judeus desapareceriam da Europa. [...] A propósito, não é má ideia que haja boatos nos atribuindo um plano para exterminar os judeus. O terror é uma coisa salutar".[27] Em 18 de dezembro de 1941, numa reunião com Himmler, ele ordenou a sistematização do Holocausto. Centenas de milhares de judeus já haviam sido mortos, mas depois dessa reunião o assassinato passou a ser feito em escala industrial. Em 22 de fevereiro de 1942, Hitler acrescentou: "Só recuperaremos nossa saúde eliminando os judeus".[28]

Assim, em tempos de guerra Hitler embarcou deliberadamente na destruição de uma parcela instruída e trabalhadora da população alemã, justo no período em que o número de alemães empregados na produção industrial caiu de 39 milhões, em 1939, para 29 milhões, em 1944. Durante a Primeira Guerra, Hitler recebera uma de suas Cruzes de Ferro do ajudante de campo judeu do seu regimento na Reserva da Baviera; ele sabia que os judeus eram bons soldados. No entanto, deliberadamente comprometeu recursos financeiros e militares para exterminar a raça. Uma olhada superficial na lista de vencedores do prêmio Nobel bastaria para perceber que a Alemanha precisava desesperadamente dessa mesma raça em sua luta existencial.

Quando Berlim foi bombardeada, Hitler evitou a técnica de liderança empregada por Churchill, de visitar os locais onde haviam caído bombas para levantar o moral da população; pelo contrário, fechava as cortinas do seu Daimler-Benz ao passar por esses lugares, ignorando as indiscutíveis provas físicas de que Hermann Goering havia mentido ao dizer que nenhuma bomba britânica cairia na capital. Em novembro de 1942, Hitler ficou sabendo que o VI Exército fora cercado em Stalingrado, mas acreditou nas palavras de Goering, que se vangloriava de poder reabastecer o Exército pelo ar, assim como dois anos antes havia acreditado na garantia de Goering de que a Luftwaffe, sua força aérea, poderia impedir a evacuação da Força Expedicionária Britânica de Dunquerque, sem necessidade de empregar os blindados. Hitler era cético em muitos aspectos, mas, por alguma razão desconhecida, continuou acreditando em Goering.

Tampouco é verdade que Hitler fosse incapaz, por sua simples natureza, de ordenar uma retirada estratégica. Em 1944 foram realizadas três importantes retiradas — no sul da França, no sudeste da Europa e no oeste da Letônia (esta por via marítima) —; no entanto, uma retirada da Curlândia, na Letônia, não foi organizada porque ele acreditou no almirante

Karl Dönitz, que lhe dissera que a guerra poderia ser vencida por um novo tipo de submarino, o qual precisaria atracar no litoral da Curlândia. Mas, no final de 1942, Hitler enviou ordens ao marechal de campo Friedrich Paulus exigindo que não houvesse retirada de Stalingrado; e quando Paulus finalmente se rendeu, em 2 de fevereiro de 1943, a batalha acabou custando ao Eixo 250 mil homens. Hitler nunca mais voltou a falar em público, apenas no rádio e muito raramente, deixando os discursos públicos para Goebbels. Enquanto Churchill quase nunca ficava fora do ar por muito tempo, os alemães não ouviram quase nada de Hitler desde a queda de Stalingrado até sua última transmissão no rádio, em janeiro de 1945, exceto pelo discurso de 1944 após o fracasso da tentativa de assassiná-lo em 20 de julho, quando alegou que sua sobrevivência fora obra da "Providência".[29] No último discurso, em janeiro de 1945, com o Exército Vermelho já no rio Oder, a apenas sessenta quilômetros de distância, afirmou que conquistaria a vitória por meio de sua "vontade inalterável".

Em 19 de março de 1945, Hitler emitiu sua famosa *Führerbefehl* (Ordem do Führer) oficialmente intitulada "Demolições no Território do Reich", mas conhecida na história como *Nerobefehl* (Ordem de Nero). Já em janeiro de 1942 ele dissera: "Se o povo alemão perdesse a fé, se o povo alemão não estivesse mais disposto a se dar de corpo e alma para sobreviver — então o povo alemão não teria mais nada a fazer além de desaparecer!".[30] No início da primavera de 1945, Hitler deu ordens para a destruição da Alemanha. Tornara-se um germanófobo que queria destruir a Alemanha porque ela não havia correspondido às suas expectativas.

"Serão destruídas todas as instalações militares de transporte e comunicações, estabelecimentos industriais e depósitos de suprimentos", dizia a ordem, "assim como qualquer outra coisa de valor dentro do território do Reich que possa ser utilizada, de qualquer forma, pelo inimigo, seja de imediato ou no futuro próximo, para a continuação da guerra."[31] Eram ordens terríveis, que teriam mandado a Alemanha de volta a um tipo de sociedade agrária pré-industrial tal como imaginada pela aberração momentânea dos Aliados conhecida como Plano Morgenthau, de 1943. Felizmente as ordens foram ignoradas, principalmente por Albert Speer. (Da mesma forma, um ano antes o general alemão Dietrich von Choltitz havia se recusado a explodir a Torre Eiffel.)

Escondido no bunker sob a chancelaria do Reich, Hitler passava o tempo examinando sua vasta maquete de como a cidade onde se criou, Linz, seria após a vitória. (Os corpos de seus pais seriam exumados de seus túmulos e reenterrados sob um enorme campanário.) A Biblioteca e Arquivos da Instituição Hoover, na Universidade de Stanford, tem uma cópia da certidão de casamento de Hitler com sua namorada, Eva Braun, às dezesseis horas do domingo, 29 de abril de 1945. A assinatura de Hitler era menor, mais trêmula e instável do que em documentos anteriores, mas a de Eva Braun era ousada e confiante. Esse era o dia em que seu "Adi" finalmente ia fazer dela uma senhora de respeito.

Walter Wagner, o escrivão distrital de casamentos, deu fé de que "as pessoas mencionadas nos números 1 [Adolf Hitler] e 2 [Eva Braun] afirmam ser de pura descendência ariana e não portar doenças hereditárias que as excluiriam do casamento. [...] Pedem também para que seja aceita uma publicação oral das proclamas e que se desconsiderem todos os prazos legais".[32] Wagner então perguntou: "Eva Braun, a senhora está disposta a aceitar nosso Führer, Adolf Hitler, como seu marido?". Ela com certeza estava. Os dois se mataram pouco menos de 24 horas depois — às 15h30 da segunda-feira, 30 de abril de 1945.

Embora o carisma seja algo que as pessoas são capazes de fabricar, como foi o caso com Hitler, também conhecemos, em nossas próprias vidas, pessoas genuinamente carismáticas — professores que nos inspiraram, chefes que nos lideraram, pessoas verdadeiramente notáveis a quem confiaríamos nossa vida. Graças a Deus essas pessoas existem, pois às vezes a sociedade depende delas. No entanto, apesar de todo o enorme impacto que exerceu no século XX, e apesar de todo o trabalho dedicado a fazê-lo parecer carismático, Adolf Hitler não era uma dessas pessoas. Seu carisma era artificial e sua personalidade era a de um sujeito reles, esdrúxulo e sem alma, criador de muitas teorias que hoje não resistiriam ao escrutínio em uma única entrevista séria de meia hora em rádio ou televisão. A morte de 7 milhões de alemães, 34 milhões de aliados, 6 milhões de judeus e tantos outros veio das ideias perversas de uma pessoa absolutamente medíocre. A tragédia disso tudo vai além de qualquer descrição e explicação.

5.
Ióssif Stálin
1878-1953

QUALQUER AVALIAÇÃO DE Ióssif Stálin como líder de guerra na assim chamada Grande Guerra Patriótica de 1941-5 precisa começar muito antes de a guerra eclodir. A extraordinária tenacidade do caráter de Stálin fora moldada em inúmeras prisões, décadas antes de sua ascensão ao poder; acredita-se que teria matado sua primeira vítima em 1902, aos 24 anos de idade.

No período de sua vida anterior à invasão da União Soviética pela Alemanha, em 22 de junho de 1941, Stálin já fora exilado durante quatro anos na gélida e solitária Sibéria; arriscara a vida na clandestinidade lutando contra a Okhrana, a polícia secreta tsarista, enquanto Lênin e outros líderes bolcheviques conspiravam em segurança em bibliotecas e cafés da Suíça; tivera um papel perigoso apoiando ativamente a Revolução de Outubro; supervisionara políticas para levar deliberadamente à fome em massa em Tsarítsin (mais tarde chamada Stalingrado), no rio Volga, durante a guerra civil russa; forçada a colocação em prática do programa de coletivização agrícola que levou milhões ao exílio, à fome e à morte. Organizara julgamentos públicos que levaram à execução de centenas de seus antigos camaradas bolcheviques, como Grigory Zinoviev, Nikolai Bukharin e Liev Kamenev, acusados de traição com provas forjadas; dera ordens para outra política de fome em massa para esmagar os *kulaks* e os ucranianos (mais de quatro milhões de mortos); e talvez, acima de tudo, assassinara outros milhões em expurgos nos quais os nomes das vítimas eram escolhidos inteiramente ao acaso, a fim de aterrorizar toda a população. Esse era o homem que Adolf Hitler decidiu atacar na Operação Barbarossa, invadindo a Rússia.

Em seu grande estudo comparativo entre Hitler e Stálin, Alan Bullock descreve o regime de Stálin, no final da década de 1930, citando o revolucionário francês Pierre Vergniaud: "Há razões para temer que, tal como Saturno, a Revolução possa devorar cada um de seus filhos, um por vez".[1] Na Rússia, isso às vezes aconteceu ao pé da letra. Em seu livro *Stálin: A corte do czar vermelho*, Simon Sebag Montefiore registra ocasiões em que os pais foram forçados a comer os próprios bebês, nas grandes ondas de fome na Ucrânia que os bolcheviques arquitetaram no início dos anos 1930, a fim de eliminar seus inimigos étnicos e de classe. Na prisão de Lubianka, em Moscou, o livro nos diz, "muitos prisioneiros eram espancados com tanta força que seus olhos literalmente saltavam para fora. Eram rotineiramente espancados até a morte, que era registrada como ataque cardíaco".[2] Stálin chegou ao ponto de aprovar uma resolução do Politburo, o comitê político do Partido Comunista, legalizando a tortura, embora os bolcheviques — surpreendentemente, tal como os nazistas — se considerassem pessoas decentes, idealistas e até moralistas. Quem admira a obra-prima de Arthur Koestler, *O zero e o infinito*, reconhecerá imediatamente essa síndrome. (Stálin também se considerava poeta, embora de versos improváveis como estes: "O botão rosado se abriu/ Correndo para a violeta azul-clara/ E, agitado por uma leve brisa,/ O lírio do vale inclinou-se sobre a relva".)[3]

Do 1,5 milhão de pessoas presas por ordem sua, apenas em 1937, mais de 700 mil foram assassinadas. Ele adorava ouvir como seus inimigos tinham morrido, quando eram levados ao porão da prisão de Lubianka para serem executados em um bunker criado especificamente para isso. Sob as gargalhadas de seu círculo íntimo, seus assessores imitavam os pedidos das vítimas que imploravam para que lhes poupassem a vida, pouco antes de receberem uma bala na nuca, disparada pelo carrasco principal, Vassili Blokhin. Por algum motivo, tanto Winston Churchill como Franklin Roosevelt acreditaram que de alguma forma poderiam amolecer um homem como Stálin, ou pelo menos fazê-lo se comportar como outros estadistas.

Se Stálin era um monstro, não foi apenas por ser paranoico, ambicioso, cínico, astuto, assassino, vingativo, narcisista, imperioso e egocêntrico — embora fosse, de fato, tudo isso. O motivo estava intimamente ligado à sua devoção ao marxismo-leninismo. "Nada", escreve Stephen Kotkin, o biógrafo mais recente de Stálin, "nem as garotas adolescentes, nem a violência, nem a camaradagem, o desviavam de sua missão na vida."[4] O que o impulsionava era, acima de tudo, a guerra de classes, em seu estágio mais brutal; seu remédio universal para todos os males da sociedade era conduzir uma guerra incessante e implacável contra a burguesia. O domínio da ideologia do Partido Comunista da União Soviética, e não apenas seu aparato, explica o controle do poder, tão tenaz e tão prolongado, por Stálin.

Ele adotou o marxismo-leninismo na adolescência, quando estudante no Seminário Teológico de Tíflis, no final da década de 1890. Declarou-se ateu e assumiu o comunismo como sua fé com todo o zelo (e com toda a crueldade) de um convertido.

Recusou-se a fazer os exames finais em maio de 1899 e, em junho de 1907, sua devoção à causa comunista era tal que organizou o espetacular roubo de 341 mil rublos (equivalente hoje a 3,6 milhões de dólares) do Banco Estatal Imperial Russo, no centro de Tíflis, em que houve quarenta mortos e cinquenta feridos. A façanha fez manchetes em todo o mundo. Embora os bolcheviques especificamente proibissem tais ações na sua Constituição, e Stálin, portanto, sempre tenha negado oficialmente seu envolvimento, o assalto foi, de fato, de sua autoria; depois disso, ele passou a ser mais respeitado pelos camaradas.

É comum nossa tendência a ignorar ou pelo menos diminuir a importância da ideologia nos regimes comunistas, porque o léxico é difícil de decifrar, os conceitos e a fraseologia são fundamentalmente muito tediosos e complexos — na verdade, podem fazer as controvérsias teológicas da Inglaterra seiscentista parecerem fascinantes e objetivas —, e, é claro, não têm relação com a realidade da vida cotidiana tal como vivida por milhões de pessoas. No entanto, para os bolcheviques a ideologia era tudo, e no centro de tudo isso estava a luta de classes. Como explicou Stálin, num discurso em julho de 1928:

> Nunca se viu e nunca se verá uma classe moribunda renunciar voluntariamente à sua posição sem tentar organizar uma resistência. [...] O avanço para o socialismo só pode fazer com que os elementos exploradores resistam ao avanço, e a resistência dos exploradores só poderá levar ao inevitável atiçamento da luta de classes.[5]

Nikita Khruschóv costumava dizer que Stálin "era incorruptível e irreconciliável nas questões de classe. Essa era uma de suas maiores qualidades, que o fazia ser muito respeitado".[6]

Parte da desastrosa gestão stalinista da política externa russa no pré-guerra, que o impediu de enxergar os sinais da enorme concentração de soldados e material bélico alemão para a Operação Barbarossa, pode ser atribuída a sua total fé no marxismo-leninismo. Stálin realmente acreditava que havia pouco a escolher entre os países capitalistas como Alemanha, Itália, Estados Unidos, França e Reino Unido, apesar de o bacilo do fascismo ter infectado os dois primeiros, mas não os três últimos. Já que, conforme o pensamento marxista-leninista, o capitalismo inevitavelmente leva ao imperialismo e, portanto, ao fascismo, Stálin não conseguiu, ou não quis, diferenciar intelectualmente entre as ações da Alemanha nazista e as do Ocidente "burguês", ficando assim pronto para cair na armadilha do Pacto Molotov-Ribbentrop, de agosto de 1939, que dividiu a Polônia e deu a Hitler liberdade para esmagar a França na frente ocidental. Como sua ideologia declarava que as guerras entre as potências capitalistas eram endêmicas e deviam ser incentivadas, Stálin presumiu que o pacto permitiria à União Soviética tornar-se o que chamou de "o espectador que ri de uma briga", enquanto as potências capitalistas-imperialistas se aniquilavam entre si.[7]

Em dois anos, essa lamentável rigidez deixara a URSS totalmente aberta à maior invasão da história da humanidade, quando Hitler lançou mais de 3 milhões de soldados pelas fronteiras da União Soviética, em mais de 160 divisões. A Rússia estava absurdamente despreparada para o ataque; as fortificações no oeste do país ainda estavam nos estágios iniciais de construção, e o Exército Vermelho estava estacionado demasiado longe a leste. Para dar uma ideia da ingenuidade de Stálin em relação a Hitler, no mesmo dia em que a invasão alemã começou seu avanço para o leste, trens carregados de petróleo e cereais partiram da Rússia em direção ao oeste, para a Alemanha, cumprindo as disposições do Pacto Nazi-Soviético. Há uma certa ironia no fato de que Stálin não confiava em ninguém exceto no homem menos confiável do mundo, Adolf Hitler.

A recusa de Stálin em aceitar o fato de que os alemães iriam atacar, apesar de cerca de oitenta advertências detalhadas de Churchill e das redes de espionagem do próprio Comintern — seu espião Richard Sorge chegou a lhe dar o dia certo da invasão, 22 de junho de 1941 —, significou que nas regiões ocidentais do país 80% da Força Aérea soviética foi destruída no solo antes mesmo de ter a chance de decolar. As Forças Armadas russas nem sequer foram totalmente mobilizadas após o ataque de Hitler, porque Stálin não queria dar a impressão de que o estava provocando, apesar da concentração de homens e materiais bélicos nas fronteiras da Rússia nos meses anteriores à invasão.

Em 1937, Stálin tinha passado a atacar a única organização de que mais tarde precisaria para derrotar a Alemanha — o Exército Vermelho —, executando três de seus cinco marechais, quinze de seus dezesseis comandantes do Exército, sessenta dos 67 comandantes de regimentos e todos os dezessete comissários políticos. O marechal Mikhail Tukhatchévski era um modelo de militar reformador, prudente e modernizador, mas Stálin mandou fuzilá-lo sob acusações forjadas, juntamente com dezenas de milhares de coronéis e outros oficiais cuja falta lhe custaria caro quatro anos depois. Embora o Exército Vermelho fosse a única instituição estatal que poderia organizar um golpe contra ele, não há qualquer indicação de que estivesse planejando tal coisa, e o expurgo ordenado por ele foi barbaramente exagerado, dada a preocupante situação internacional. Stálin sabia perfeitamente que esses oficiais do Exército Vermelho eram leais ao Partido Comunista e que as acusações de traição contra eles eram infundadas. Alguns futuros marechais foram presos e torturados, mas não fuzilados, como Konstantin Rokossovski, que teve as unhas arrancadas e várias costelas quebradas durante os interrogatórios. Quando Stálin o reconduziu ao alto-comando, em 1941, perguntou-lhe onde estivera, sabendo perfeitamente a resposta. Rokossovski disse à filha que andava sempre armado com um revólver para que nunca mais pudesse ser preso.

Em maio de 1926, o Exército soviético tinha tão poucos tanques que fazia manobras em bicicletas; em 1940, foi derrotado pela pequena Finlândia. Após os massacres que dizimaram o Exército Vermelho, não é de admirar que a Rússia estivesse tão despreparada para a invasão de Hitler. A gênese dessa política desastrosa pode ser vista no discurso estupidamente isolacionista de Stálin, no 18º Congresso do Partido Comunista, em março de 1939, no qual ele exortou o partido a "ser cauteloso e não permitir que a Rússia soviética se envolvesse em conflitos iniciados pelas potências belicistas que estavam acostumadas a que outros fizessem o trabalho duro", isto é, as potências capitalistas do Ocidente.[8] Em vez disso, Stálin criou em todo o vasto Império russo matadouros para seres humanos, supervisionando tudo, a ponto de escolher qual a melhor folhagem para encobrir as valas comuns. "Ah, se Stálin soubesse o que está acontecendo!" era uma queixa frequente ouvida pelos russos a cada nova cruel atrocidade, no entanto Stálin sabia exatamente o que estava acontecendo. Ele próprio, às vezes com a ajuda de V. I. Molotov, seu ministro das Relações Exteriores, elaborava as listas para tortura e execução, muitas vezes inteiramente ao acaso, pois eram justamente o caráter arbitrário e o vasto número de vítimas que criavam o Grande Terror, pelo qual governava. A maneira como foi, de alguma forma, absolvido pessoalmente desses horrores lembra o modo como muitos alemães igualmente absolveram Hitler da responsabilidade pelo destino de seu país antes de 1945. A verdade é que mais de uma década de propaganda totalitária incessante glorificando o líder acabou funcionando, tanto no caso de Hitler quanto no de Stálin.

Ao ser informado da invasão alemã, ao amanhecer de 22 de junho de 1941, Stálin não quis acreditar na notícia e disse que devia ter sido uma conspiração nas Forças Armadas alemãs, acrescentando que "Hitler certamente não sabe disso".[9] Em seguida, ordenou a Molotov que pedisse esclarecimentos a Friedrich von Schulenburg, o embaixador alemão. Os marechais Semion Timochenko e Gueorgui Jukov — que não sabiam dos relatórios de inteligência advertindo sobre a invasão — imploraram a Stálin permissão para tomar medidas imediatas, mas mesmo depois de ter sido informado de que o governo alemão havia oficialmente declarado guerra, Stálin ainda continuou a estipular que as forças terrestres soviéticas não deveriam violar a integridade territorial alemã (uma ordem nada difícil para os russos obedecerem). Como escreveu o biógrafo de Stálin, Robert Service: "Ocorrera uma calamidade militar numa escala sem precedentes nas guerras do século XX".[10] Os alemães penetraram centenas de quilômetros em questão de dias, capturaram 3,5 milhões de prisioneiros em semanas e em menos de quatro meses chegaram às estações periféricas do metrô de Moscou.

Na manhã da invasão, Stálin não conseguia concentrar sua mente em nada e deixou Molotov fazer o discurso de exortação ao país ao meio-dia. No entanto, os registros de visitantes e as agendas das reuniões mostram que Stálin trabalhou intensamente mais tarde naquele dia, consultando o alto-comando militar, e no dia seguinte, 23 de junho, foi estabelecido um novo alto-comando, a Stavka. Devido aos desastres militares que estavam ocorrendo, o marechal Timochenko foi nomeado presidente da Stavka por Stálin, que também recusou legalmente o cargo de comandante supremo — mantendo-o, é claro, de fato.

Em 29 de junho de 1941, uma semana após o início da invasão, Stálin de repente sumiu de cena e se retirou para sua *dacha* (casa de campo) nos arredores de Moscou, sem atender o telefone nem dar ordens, enquanto a frente ocidental continuava em colapso sob o intenso ataque alemão. Estaria talvez fazendo o que fez Ivan, o Terrível, certa vez quando se retirou para um mosteiro, a fim de demonstrar a que ponto era indispensável? Ou teria sofrido um colapso moral debilitante, ou mesmo um colapso mental, como supõem alguns historiadores? Não podemos saber; Stálin certamente nunca falou sobre isso mais tarde.

Depois de quatro dias, cinco figuras-chave do Politburo e da Stavka — Molotov, Gueorgui Malenkov, o marechal Kliment Vorochilov, Anastas Mikoian e o chefe da polícia secreta da NKVD, Lavrenti Beria — dirigiram-se à *dacha* para descobrir o que estava acontecendo. Lá, encontraram Stálin afundado numa poltrona. A maneira como murmurou "Por que vocês vieram?" sugeriu a Mikoian que Stálin temia que o prendessem. Molotov disse que precisavam de um novo Comitê de Defesa do Estado para coordenar a reação da Rússia. Desconfiado, Stálin perguntou quem o presidiria. Molotov propôs que fosse o próprio Stálin, e recebeu como resposta uma única palavra: "Bom". Passar do temor de um golpe que inevitavelmente lhe custaria a vida a presidente do comitê central de defesa foi um belo resultado para Stálin.

A partir de então, Stálin passou a operar uma complexa cadeia de comando, composta sobretudo pela Stavka, o Politburo e o Comitê de Defesa do Estado, sendo que este último tinha dupla conexão, com militares e civis, e trocava seu pessoal com frequência. Stálin enviou alguns homens-chave, como o maior herói de guerra da Rússia, o marechal Jukov, para funções operacionais e de pessoal. Sua intenção era garantir que ninguém além dele mesmo pudesse ter uma visão geral do progresso da guerra; mas também foi influenciado pela prática militar tsarista, que tinha uma guarda imperial e um exército separados, e pelo princípio leninista de que o Partido sempre deveria ter o papel principal em cada aspecto da sociedade.

Stálin finalmente falou à nação em 3 de julho, o primeiro dos apenas nove discursos públicos, quer breves ou longos, que proferiu durante a guerra. Nesse ponto, ele se parecia muito mais com Hitler — que fez apenas um discurso público durante todo o ano de 1944 — do que com Churchill, que fez centenas de discursos durante a guerra, ou com o presidente Roosevelt, que semanalmente transmitia pelo rádio suas *Fireside Chats* (conversas ao pé da lareira), assim como os discursos no Congresso sobre o Estado da União e as coletivas de imprensa no Salão Oval. Stálin tampouco escrevia no *Pravda* ou em outros jornais, mantendo seu hábito de nunca permitir que seu nome fosse associado a artigos que ele próprio não houvesse escrito. Não autorizou que tirassem novas fotos suas e ficou quase completamente recluso durante a guerra, exceto pelos desfiles anuais comemorativos da Revolução de Outubro, no Kremlin. Essa mística contribuiu enormemente para a sua imagem. A revista *Time* o elegeu Homem do Ano em 1939 e também em 1942.

Stálin não assumiu a presidência da Stavka até 8 de agosto de 1941, quando mandou fuzilar o comandante da frente ocidental, Dmitri Pavlov, embora desta vez não tenha havido julgamento exemplar, tortura nem confissão forçada. Na época da execução do almirante John Byng, Voltaire ironizou que os britânicos executavam seus comandantes "*pour encourager les autres*" ("para encorajar os outros"), mas com Stálin isso era literalmente verdade. No entanto, ele podia ser igualmente inclemente com a própria família. O filho de Stálin, Iakov, tenente da 14ª Divisão Blindada, foi capturado perto de Vitebsk, em julho de 1941, o que levou Stálin a mandar prender e interrogar sua nora, Iulia. Como todos os russos haviam recebido ordem de lutar até a morte, quem quer que fosse capturado como prisioneiro de guerra se tornava, legalmente, um traidor da União Soviética, e suas famílias eram tratadas como "famílias traidoras"; logo, Stálin estava apenas aplicando suas próprias regras impiedosas à família do filho, sem favorecimentos. Mais tarde, na guerra, recusou-se a trocar o filho pelo marechal de campo Paulus, que fora capturado em Stalingrado, em fevereiro de 1943, dizendo que não trocaria um marechal de campo por um tenente; em abril de 1943, Iakov foi fuzilado por se recusar a obedecer à ordem de um guarda no campo de concentração de Sachsenhausen, embora também haja outras versões para sua morte. Segundo uma delas ele teria se atirado deliberadamente contra uma cerca eletrificada, cometendo suicídio por tentativa de fuga. Mesmo assim, ninguém ouviu Stálin denunciar a brutalidade nazista durante o conflito. Ele sabia que essa era uma guerra de faca nos dentes, na qual horrendos maus-tratos aos prisioneiros de guerra se tornariam rotina de ambos os lados e a Convenção de Genebra seria completamente ignorada.

Stálin tomou relativamente poucas decisões estratégicas durante a guerra, mas, quando fez prevalecer suas decisões sobre as dos marechais Jukov e Timochenko, isso em geral levou a baixas russas ainda maiores. Por exemplo, em 1941 ordenou que Kiev fosse defendida até o último homem. "Como se pode sequer pensar em entregar Kiev ao inimigo?", disse a Jukov, o chefe do Estado-Maior, numa reunião da Stavka, acusando-o de falar bobagem. "Se acha que o chefe do Estado-Maior só fala bobagens", respondeu Jukov, corajosamente, referindo-se a si próprio na terceira pessoa, "ele não tem nada que fazer aqui."[11] Kiev caiu assim mesmo, em 19 de setembro, depois de muito mais perdas de vidas do que seria necessário. Robert Service está certo quando diz que, em sua recusa em considerar retiradas estratégicas, Stálin "agiu como um ignorante em questões militares, tal como mostrara ser ignorante em questões diplomáticas, em meados de 1941".[12]

A maioria dos historiadores militares acredita que a Rússia poderia ter vencido a guerra com muito menos do que os 13 milhões de mortes de militares que viria a sofrer entre 1941 e 1945. Em 28 de julho de 1941, Stálin assinou a Ordem nº 227, intitulada "Nem Um Passo Atrás!", que afirmava que qualquer retirada sem a aprovação direta do Kremlin seria tratada como traição e, portanto, passível de pena de morte. Apenas durante a Batalha de Stalingrado, cerca de 13,5 mil soldados russos — quase uma divisão inteira — foram fuzilados pela NKVD por covardia, apesar de terem sido enviados a batalhas sem rifles, com ordens para pegar as armas deixadas pelos companheiros que iam sendo mortos na frente deles. Mesmo assim, vale a pena refletirmos se essa guerra poderia ter sido vencida caso Stálin, Jukov e os outros não tivessem sido tão duros e impiedosos, homens a quem pouco importava o número de baixas. Stálin, é claro, estava acostumado com tais números por seus expurgos em massa dos anos 1930, e pode ser que, sem essas punições extremas, ninguém se dispusesse a lutar sob condições tão terríveis e com tamanhas chances de derrota.

Depois que o Exército Vermelho venceu a Batalha de Stalingrado — sobretudo pelo plano de Rokossovski, que conseguiu cercar as forças sitiantes na Operação Urano, em meados de novembro de 1942 —, Stálin não visitou a cidade; na verdade, quase nunca saiu do Kremlin ou de sua *dacha*, exceto para ir às conferências de Teerã e de Ialta. Tampouco saiu da União Soviética para participar de conferências dos Aliados, exceto a de Teerã, em novembro de 1943. Como recorda o marechal Biriunov acerca do comandante supremo: "Seus olhos jamais viram um soldado em combate".[13] O mais próximo que chegou foi a sessenta quilômetros da frente de batalha de Minsk, em 1942, embora o *Pravda* tenha relatado o caso de forma totalmente fantasiosa, com Stálin tomando decisões importantes na linha de frente.

"O próprio Stálin não era o mais corajoso dos homens", lembrou Mikoian, falando em segurança depois que o chefe estava morto. Nikolai Voronov, comandante da artilharia do Exército Vermelho entre 1941 e 1950, acrescentou: "Raramente vi Stálin nos primeiros dias da guerra. Ele estava deprimido, nervoso e desequilibrado. Quando delegava missões, exigia que fossem concluídas em um tempo inacreditavelmente curto, sem considerar as possibilidades reais. Nas primeiras semanas da guerra, na minha opinião, interpretou mal a escala do conflito e as forças e os equipamentos que poderiam realmente impedir o avanço do inimigo em uma frente que se estendia de um oceano a outro".[14]

"A realidade da guerra para ele", como Robert Service escreve sobre Stálin, "eram suas conversas com Jukov, estudar mapas e as ordens que gritava no telefone para políticos e comandantes amedrontados."[15] Ele era o coordenador supremo, mas em geral não interferia nas disposições militares depois que ficou claro que Jukov e os outros marechais veteranos sabiam o que estavam fazendo, melhor que os políticos veteranos. Stálin organizava debates na Stavka entre especialistas, sem deixar claro qual lado apoiava, o que é uma técnica de gestão sensata, seja para um ditador ou não. E decerto estimulou a produção numa escala impressionante: nos últimos seis meses de 1942, a URSS construiu 15 mil aeronaves e 13 mil tanques. O tanque soviético polivalente T-34 não era tão bom quanto os *panzers*, os blindados alemães que enfrentava, mas a quantidade em que foram produzidos significou a vitória na Batalha de Kursk, em julho de 1943. Como teria dito Stálin certa vez: "No final, uma quantidade suficiente *se torna* qualidade".

Menos aplicável nos dias de hoje era a outra técnica de gestão de Stálin, que consistia em constantemente ameaçar fuzilar seus subalternos. Para Nikolai Baibakov, que foi encarregado de evacuar as instalações de petróleo do Cáucaso, ele disse: "Lembre-se: se você deixar para os alemães uma única tonelada de petróleo, nós te fuzilamos. Mas se você destruir as instalações antes da hora e os alemães não as tomarem e nós ficarmos sem petróleo, também vamos te fuzilar". De alguma forma, Baibakov conseguiu passar ileso por esses dois pelotões de fuzilamento e veio a morrer em 2008. Em outubro de 1941, quando o general Aleksander Stepanov, comissário do Exército na frente ocidental, sugeriu recuar o quartel do Estado-Maior de Perkhuchkovo para um ponto mais a leste, ocorreu a seguinte conversa:

> STÁLIN: Camarada Stepanov, verifique se seus camaradas têm pás.
> STEPANOV: Como assim, camarada Stálin?
> STÁLIN: Os camaradas têm pás?
> STEPANOV: Camarada Stálin, que tipo de pá? As usadas por sapadores ou algum outro tipo?
> STÁLIN: Não importa o tipo.
> STEPANOV: Camarada Stálin, eles têm pás! Mas o que devem fazer com elas?
> STÁLIN: Camarada Stepanov, diga aos seus camaradas que eles devem pegar suas pás e cavar as próprias sepulturas. [...] A Stavka vai permanecer em Moscou. E você não vai sair de Perkhuchkovo.[16]

No entanto, não era verdade que a Stavka fosse ficar necessariamente em Moscou. Em 18 de outubro de 1941, Stálin chegou a preparar seu trem pessoal para retirá-lo de Moscou e recuar para além dos montes Urais. Se isso tivesse acontecido, e fosse divulgado apesar do blecaute oficial das notícias, o colapso no moral do povo russo poderia ter permitido à Wehrmacht vencer a guerra na frente oriental. De alguma forma, porém, os russos conseguiram defender Moscou e também Leningrado, apesar desta ter sido submetida a um terrível cerco de novecentos dias, em que houve até casos de canibalismo.

Em 1997, Albert Axell, historiador baseado na Finlândia, publicou um livro intitulado *Stalin's War: Through the Eyes of His Commanders* [A Guerra de Stálin: Pelos olhos de seus comandantes], para o qual gravou entrevistas com trinta dos generais combatentes de Stálin que haviam sobrevivido. "Nenhuma desculpa era aceita para um trabalho desleixado, e as punições podiam ser muito severas", escreveu Axell. "Stálin nunca perdoava um trabalho descuidado ou uma tarefa mal terminada", lembrou o marechal Aleksandr Vasilevski que tinha contato quase diário com Stálin durante a guerra, "mesmo que isso acontecesse com um trabalhador altamente indispensável, sem nenhuma mancha anterior no seu histórico."[17] No entanto, ele também estudava os problemas do dia a dia do Exército; quando o marechal Kirill Maretsov lhe disse que seus oficiais não tinham onde encontrar suas esposas e namoradas para visitas íntimas, Stálin mandou construir casas especialmente para esse fim. Ao saber que uma bomba havia caído na cozinha do Estado-Maior, Stálin ordenou que fossem levadas cestas com três sanduíches por pessoa por dia. Pequenas coisas desse tipo eram lembradas pelos generais, que foram quase unanimemente positivos sobre a liderança de Stálin, mesmo quarenta anos após sua morte. (É claro que eles não podem ser considerados uma amostra estatisticamente válida, pois foram justamente os que sobreviveram.)

As decisões políticas de Stálin como líder de guerra foram vitais para fortalecer o moral dos russos. Ele aceitou introduzir um pouco de economia de mercado, incentivando os camponeses a vender suas hortaliças para aliviar a desnutrição urbana; permitiu que os poemas de Anna Akhmatova e a *Sinfonia nº 7*, de Dmitri Shostakovich, fossem veiculadas pelo rádio; descartou *A Internacional* como hino nacional, em troca de algo mais russo e menos cosmopolita (e que também continha uma estrofe em seu louvor); encontrou o patriarca interino Serguei e permitiu a reabertura das igrejas Ortodoxas Russas, depois de décadas mandando prender e matar padres; e aboliu o Comintern, a organização comunista internacional, porém mantendo, é claro, controle férreo sobre os partidos comunistas estrangeiros, por outros meios. No entanto, assim que ficou claro que a Rússia venceria a guerra, Stálin começou a reinstaurar o marxismo-leninismo estrito; por exemplo, já em 1942, tornou-se ilegal elogiar a tecnologia americana.

Segundo sir Frank Roberts, diplomata britânico em Moscou entre 1945 e 1947:

> Roosevelt e Churchill foram suscetíveis a Stálin porque ele não se encaixava no estereótipo de ditador da época. Não era um demagogo; não ostentava uniformes extravagantes. Falava baixo, era bem-organizado, não destituído de humor, sabia o que tinha que fazer — uma fachada agradável escondendo horrores desconhecidos.[18]

É verdade que o uniforme de marechal que Stálin usava não era extravagante, mas os horrores não eram desconhecidos para Roosevelt e Churchill. O massacre de 22 mil oficiais poloneses na floresta de Katyn, em abril e maio de 1940, se originou do ódio obsessivo de Stálin pelos poloneses, devido à humilhação que passara nas mãos deles na guerra soviético-polonesa de 1920-1.

Quando, em outubro de 1939, todo o leste da Polônia caiu nas mãos de Stálin, como resultado do Pacto Molotov-Ribbentrop, a NKVD entrou no país para aniquilar os líderes e os intelectuais poloneses por meio de prisões e fuzilamentos. Na floresta de Katyn, Vassili Blokhin, o experiente carrasco-chefe de Stálin, matou pessoalmente 7 mil poloneses em 28 dias, tantos que precisava usar um avental de açougueiro de couro para proteger seu uniforme do sangue, e luvas, para não ficar com bolhas no dedo do gatilho. Isso lhe valeu um lugar no *Livro Guinness dos recordes* como o carrasco mais prolífico da história. Quando os alemães descobriram os cadáveres, em 1943, primeiro Churchill e depois Roosevelt perceberam que Stálin estava mentindo quando afirmou que os poloneses haviam sido massacrados pelos nazistas — mentira que os russos só reconheceram em 1990. Como Alan Bullock demonstrou de forma abrangente em *Hitler and Stalin: Parallel Lives* [Hitler e Stálin: Vidas paralelas], na verdade os nazistas aprenderam a maioria de suas técnicas de repressão com os bolcheviques.

Em julho de 1943, embora Stálin desejasse atacar primeiro, esvaziando o fator surpresa do ataque de Hitler a Kursk, ele se deixou vencer na Stavka pelos argumentos de Jukov, Vasilevski e Aleksei Antonov — o que foi a decisão correta, como se viu depois. Nesse sentido, o estilo de liderança de guerra de Stálin era mais próximo do de Churchill que do de Hitler, que não se deixava vencer pela opinião dos especialistas. Stálin também liberou Jukov, o maior de seus marechais, para ser o comandante do campo de batalha em Kursk — mas, ao mesmo tempo, mandou a NKVD grampear a casa de Jukov com aparelhos de escuta, assim como as casas dos marechais Kliment

Vorochilov e Semion Budionni. Também cogitou seriamente mandar fuzilar o segundo melhor oficial da guerra, o marechal Ivan Konev, logo após a Operação Barbarossa. Stálin incentivava uma intensa rivalidade entre seus generais e, assim que a guerra terminou, humilhou até mesmo Jukov ao enviá-lo para o exílio interno, dando-lhe o modesto cargo de comandante do distrito militar de Odessa. Numa ditadura totalitária, não é possível para o ditador compartilhar nem a glória nem o poder, já que ao longo da história as duas coisas sempre foram tão intimamente entrelaçadas. Embora Jukov não tivesse qualquer interesse ou intenção de ofuscar Stálin, sua simples presença em Moscou teria tido esse efeito.

Stálin usou a cortina de fumaça fornecida pela guerra para cometer grandes atos de genocídio racial — contra os poloneses, os bálticos, os moldávios e bessarábios, os alemães do Volga, os tártaros da Crimeia, os chechenos e os inguches. E, assim como esses atos de terror não começaram com a guerra, tampouco terminaram com ela. Stálin estava planejando uma perseguição contra os judeus russos, insinuando que havia uma trama de médicos judeus contra ele, quando, fortuitamente, morreu, em março de 1953.

"Caro Winston", escreveu Roosevelt a Churchill, em 18 de março de 1942. "Sei que não se importará se eu for brutalmente franco e lhe disser que creio que posso lidar com Stálin, pessoalmente, melhor do que o seu Ministério das Relações Exteriores ou o meu Departamento de Estado. Stálin odeia visceralmente todos os altos funcionários britânicos. Ele acha que gosta mais de mim e espero que assim continue."[19] Orgulhoso da capacidade de seduzir qualquer um, Roosevelt esperava conquistar Stálin para a sua visão de uma parceria pós-guerra entre as duas superpotências emergentes. Mais de trezentas cartas foram trocadas entre Roosevelt e Stálin, a primeira de Roosevelt logo após a invasão de Hitler à União Soviética, e a 304ª, também de Roosevelt, na véspera de sua morte, em abril de 1945.

O historiador Richard Overy comentou sobre essa correspondência: "Quando discutiam a ajuda americana à União Soviética, pareciam gerentes de duas grandes empresas. A prosa de Stálin é sempre utilitária, suas cartas muito mais breves que as de Roosevelt, ocasionalmente mentirosas, mas em geral simplesmente econômicas com a verdade".[20] Roosevelt queria oferecer à Rússia ajuda econômica e militar maciça pelo programa Lend-Lease; queria também criar uma paz duradoura baseada nas quatro potências: Rússia, Estados Unidos, Reino Unido e China. Ele esperava criar um relacionamento pessoal íntimo com Stálin, embora não pudesse se aproximar do que tinha com Churchill.

Stálin, por sua vez, queria que o auxílio Lend-Lease fosse dado como um presente incondicional; queria também uma segunda frente na guerra na Europa o mais rápido possível; e desejava ter voz no mundo do pós-guerra, em pé de igualdade com os Estados Unidos e o Reino Unido (tal como Churchill, na época ele não percebeu a importância da China). Stálin também desejava o domínio soviético total da Europa Oriental, especialmente depois que ficou claro que não haveria uma zona de ocupação soviética na Itália.

Desde o início de sua correspondência, Roosevelt quis encontrar-se com Stálin, possivelmente na Islândia e, de preferência, sem a presença de Churchill, para poder estabelecer um relacionamento pessoal. Em vez disso, os dois se encontraram pela primeira vez em Teerã, na presença de Churchill, embora Roosevelt e Stálin tenham feito piadas sobre Churchill, diante dele. É possível ver a Conferência de Teerã, de novembro de 1943, como o momento da história moderna em que a URSS se tornou, pela primeira vez, um ator de primeira linha nos assuntos globais, e não apenas regionais, um feito que deve ser devidamente atribuído a Stálin.

Nas cartas de Stálin são abundantes as passagens mostrando sua total desconfiança de Roosevelt e dos americanos. Em 1944 e 1945, por exemplo, alegou que o Exército dos Estados Unidos estava deliberadamente permitindo que os alemães transferissem tropas para lutar contra o Exército Vermelho; insinuou que os americanos haviam dado aos russos informações falsas sobre os planos alemães; e mostrava fúria com qualquer oposição aos seus planos de transformar a Polônia em um estado satélite. Em 27 de dezembro de 1944, escreveu a Roosevelt se queixando de que os Aliados ocidentais estavam apoiando os democratas poloneses, que definiu como

> uma rede terrorista criminosa contra oficiais e soldados soviéticos no território da Polônia: "Não podemos nos reconciliar com essa situação quando terroristas, instigados por emigrantes poloneses, matam soldados e oficiais do Exército Vermelho na Polônia, fazem uma luta criminosa contra as tropas soviéticas que estão libertando a Polônia e ajudam diretamente nossos inimigos, de quem são, de fato, aliados".[21]

Definir os democratas poloneses como aliados dos nazistas mostra a mentalidade de Stálin na época, apenas dois meses antes da Conferência de Ialta.

Da mesma forma, Stálin nunca reconheceu verdadeiramente o auxílio vital dado a seus exércitos pela Real Força Aérea inglesa e pela Força Aérea americana. "Como o senhor sabe", escreveu Roosevelt a Stálin, em 1943, "já estamos contendo mais da metade da Força Aérea Alemã na Europa Ocidental e no Mediterrâneo."[22] Stálin de fato estava ciente, mas era profundamente ingrato; na verdade, tal como Charles de Gaulle, empregava a ingratidão como arma, acreditando, como disse, que "a gratidão é uma doença de cachorro".[23] Nenhum dos dois sentia que tinha algo pelo que agradecer. De Gaulle achava que sua permanência em Londres servira aos interesses de Churchill e de Roosevelt. Da mesma forma, o marxismo-leninismo de Stálin ensinava que, se os capitalistas facilitavam qualquer coisa para a União Soviética, era apenas porque era do interesse deles próprios — como, por exemplo, apaziguar a militância dos trabalhadores em seus países ou abrir novos mercados. Portanto, não havia necessidade de lhes dar nada em troca. O "*Niet*" ["não"] constante usado por Maxim Litvinov, Molotov e mais tarde Andrei Gromiko era, portanto, uma declaração tanto ideológica quanto diplomática. Assim que um embaixador parecia demonstrar gratidão às potências ocidentais, como fez Ivan Maiski, em Londres, era chamado de volta a Moscou.

Como Churchill e Roosevelt eram ambos oriundos da aristocracia de seus países — a classe que o próprio Stálin conseguira liquidar em massa na Rússia — e representavam politicamente a burguesia, Stálin os via, necessariamente, como inimigos de classe, pois enxergava absolutamente tudo através do prisma da guerra de classes. Disse ao marechal Tito que a única diferença entre Churchill e Roosevelt era que, enquanto Churchill poderia enfiar a mão no bolso de alguém para roubar um copeque (um centavo de rublo), Roosevelt só se dispunha a bater carteiras por "moedas maiores". Na verdade, foi Stálin que enfiou fundo as mãos nos bolsos do Ocidente, seja pelos 5 mil aviões, os 7 mil tanques ou os 50 milhões de pares de botas que os Estados Unidos forneceram gratuitamente aos russos, além de milhões de toneladas de alumínio e cereais. O historiador Antony Beevor destaca a grande ironia, raramente reconhecida pelos historiadores russos, de que, não fosse pelas dezenas de milhares de caminhões Studebaker e Dodge que Roosevelt deu incondicionalmente a Stálin, o Exército Vermelho não poderia ter chegado a Berlim antes dos americanos em 1945.[24]

Mesmo assim, Churchill e Roosevelt, e seus sucessores Clement Attlee e Harry Truman, tiveram um profundo sentimento de culpa em relação aos soviéticos. Enquanto o Reino Unido perdeu 388 mil vidas na guerra, e os Estados Unidos 295 mil, os russos perderam a impressionante quantia de 27 milhões de soldados e civis, quase quarenta vezes mais que o Reino Unido e os Estados Unidos somados. Muitas vezes, é claro, foi a própria estratégia de Stálin que levou a esse enorme número de mortes, mas isso não diminuiu a sensação de disparidade sentida pelos líderes ocidentais.

O professor Kotkin tem razão ao apontar que é a ideologia, mais que a psicologia, que melhor explica as ações de Stálin. Ele provavelmente não apanhava do pai, um sapateiro bêbado de Gori, e o mesmo seminário que o radicalizou também produziu os conciliadores mencheviques. Na verdade, foram suas lutas como bolchevique e marxista devoto nos combates de vida ou morte antes, durante e depois da Revolução de Outubro que realmente o forjaram. "Os traços pessoais singulares de Stálin", escreve Kotkin, "que marcaram suas mais importantes decisões políticas, foram resultado da política."[25] Mesmo seu traço de personalidade mais marcante, a paranoia crônica, na correta estimativa de Kotkin "espelhava de perto a paranoia estrutural incorporada pela Revolução Bolchevique, o dilema de um regime comunista em um mundo predominantemente capitalista".

Em 1937, Stálin certa vez perguntou a uma vítima prestes a ser executada: "Você pode explicar sua conduta pelo fato de ter perdido a fé?".[26] Pois o marxismo-leninismo era para ele uma fé, muito mais poderosa do que a fé cristã que lhe ensinaram no seminário. Decerto era preciso ser alguém profundamente imbuído da teologia dialética do marxismo-leninismo para acreditar que o imperialismo capitalista estava às portas da morte e, ao mesmo tempo, que representava uma ameaça mortal para a URSS. De fato, o leninismo afirmava que, quanto mais próximo da morte o capitalismo estivesse, mais perigoso se tornaria, e não menos, e Stálin acreditava nisso implicitamente. Seu último livro foi sobre sua crença de que era o destino histórico do marxismo-leninismo estabelecer uma sociedade utópica povoada pelo Novo Homem Socialista (que se parece estranhamente com o *Übermensch*, o Super-homem ariano de Hitler).

A fé marxista-leninista deve assumir grande parte da responsabilidade pelos 27 milhões de russos que morreram na chamada "Grande Guerra Patriótica", além de incontáveis milhões antes e depois dela. Se Stálin não fosse ditador da Rússia na década de 1930, seu povo e suas instituições teriam sido muito mais fortes. Em vez disso, o stalinismo — que não foi uma perversão do comunismo, como os marxistas modernos tentam argumentar, mas sim o estágio lógico, final e mais desenvolvido do comunismo — deu a Hitler sua grande oportunidade.

6.
George C. Marshall
1880-1959

NA TERÇA-FEIRA, 16 de dezembro de 1947, a esposa de Winston Churchill, Clementine, ofereceu um jantar de gala em homenagem ao secretário de Estado americano, general George Catlett Marshall, que estava no Reino Unido para a Conferência de Ministros de Relações Exteriores sobre o futuro da Alemanha. A conferência começara no dia anterior, mas fora interrompida quase de imediato devido às exigências do governo soviético por reparações pesadíssimas a serem pagas pela Alemanha. (Em 1945, os soviéticos haviam despachado para a Rússia mais de metade de toda a indústria pesada da Alemanha, mas isso ainda não era suficiente para eles.)

"A Conferência terminara num melancólico fracasso meia hora antes", relatou Clementine numa carta ao marido, "mas o sr. Marshall não se referiu a ela nem uma vez."[1] Na ocasião, Churchill estava tirando quatro semanas de folga do cargo de líder da oposição no Hotel La Mamounia, em Marrakech, onde pintava quadros e escrevia suas memórias de guerra. Clementine continuou:

> Ele falou muito sobre você e o sr. Roosevelt, de quem, ao que parece, discordava com frequência e às vezes nem sequer consultava. Marshall disse que ele — o presidente — se concentrava como um raio de sol numa parte específica do assunto em questão, deixando todo o resto no escuro. Não gostava que chamassem sua atenção para assuntos que não dominava ou que desconsiderava, seja por falta de tempo ou de inclinação. Veja bem, ele não usou essas palavras, mas foi essa a essência do que disse, e achei que havia muito mais coisas implícitas.[2]

Clementine tinha razão, e falou sobre Marshall com precisão: por vezes ele deixara de consultar Roosevelt e decerto nunca entrou no perigoso turbilhão de uma amizade com o presidente, como fizeram vários outros membros do gabinete e companheiros da política; pelo contrário, sempre insistia em ser chamado de general, e não de George. Sua primeira visita à residência presidencial em Hyde Park, Nova York, foi no funeral de Roosevelt. Devido à sua atitude, sempre impecavelmente profissional, Marshall conservou o respeito de Roosevelt desde o dia em que foi empossado como chefe do Estado-Maior do Exército — por coincidência, o mesmo dia em que Hitler invadiu a Polônia, 1º de setembro de 1939 — até a morte de Roosevelt, cinco anos e meio depois. Permaneceu chefe do Estado-Maior até novembro de 1945 e tornou-se secretário de Estado em janeiro de 1947.

No jantar oferecido por Clementine, Marshall estava no exterior e entre admiradores e amigos; estava relaxando logo após a desastrosa conclusão da conferência — um momento perigoso e deprimente da Guerra Fria. Estava relembrando a guerra, tal como ele e todos os outros sobreviventes mais notáveis deviam fazer com frequência depois do conflito, o que é fácil de entender; e, é claro, estava falando sobre alguém que já havia morrido e, portanto, não poderia contradizê-lo, mas que nunca o intimidou. Talvez também estivesse tentando mudar o assunto da conversa, deixando para trás o fracasso da conferência. Churchill respondeu a Clementine oito dias depois, dizendo: "Estimo que você tenha tido um jantar tão interessante com a oportunidade de conhecer o general Marshall. Creio que fizemos uma boa amizade com ele. Sempre tive um grande respeito por suas qualidades realmente notáveis, se não como estrategista, certamente como organizador militar, estadista e, acima de tudo, como homem".[3]

Se não como estrategista. O elogio altamente cauteloso de Churchill a Marshall era, obviamente, uma crítica pesada à grandiosa estratégia que este último queria adotar para a vitória na Segunda Guerra Mundial. O chefe do Estado-Maior do Exército americano precisa ser um estadista e um organizador militar, além de muitas outras coisas; mas também precisa ser o principal estrategista militar dos Estados Unidos. Não há dever mais importante para um chefe de Estado-Maior do que formular a estratégia vencedora numa guerra. Sendo assim, teria George Marshall fracassado nesse ponto, tal como acreditavam, privadamente, Churchill, o marechal de campo sir Alan Brooke (mais tarde visconde Alanbrooke) e o general Bernard Montgomery (Monty)? Todos os três eram dessa opinião, porque Marshall defendia consistentemente uma volta ao noroeste da Europa ocupado pela Alemanha muito antes do que eles desejavam. Quem tinha razão?

Todos (incluindo Churchill, Brooke e Monty) julgavam que Marshall tivera uma excelente atuação ao criar um enorme Exército praticamente do zero; em lidar com o Congresso, com a mídia e com os presidentes Roosevelt e Truman; em demitir nada menos que dezesseis comandantes de divisão; e muitas outras realizações. A única questão importante que paira sobre sua reputação se refere ao momento escolhido para a Operação Overlord. De início, Marshall queria lançar a invasão já no outono de 1942 ou, se isso não fosse possível, com certeza em 1943. Em qualquer um desses dois anos, a operação provavelmente teria sido um desastre. Será que isso significa, então, que, apesar dos indiscutíveis talentos, George Marshall foi um mau estrategista e, portanto, um mau chefe de Estado-Maior?

Primeiro, devemos considerar o fato de que Marshall aumentou quarenta vezes o tamanho das Forças Armadas dos Estados Unidos em apenas quatro anos — de menos de 200 mil para mais de 8 milhões de soldados no Exército —, uma façanha realmente extraordinária. No início da guerra, o Exército americano era o décimo quarto do mundo em tamanho, equivalente ao da Romênia. No final, tinha 16 milhões de homens em uniforme, incluindo Exército, Marinha e Aeronáutica. Nesse processo de vasta expansão, Marshall se tornou tão importante para o esforço de guerra americano que o presidente Roosevelt, embora fosse desde o início um grande defensor da Operação Overlord, lhe disse: "Sinto que não conseguiria dormir se o senhor estivesse fora do país". Assim, foi Dwight Eisenhower quem obteve o cargo de Supremo Comandante dos Aliados.[4]

Se Marshall tivesse expressado o mínimo desagrado quanto à decisão de Roosevelt, a posição teria sido dele, sem dúvida, e com ela a fama e a glória que hoje pertencem a Eisenhower, que se tornou a representação máxima do Exército americano para o público, quem animava as tropas e fazia os discursos inspiradores. Se Marshall tivesse assumido o comando da Operação Overlord, os memoriais, shopping centers, clínicas médicas, bases militares, navios, troféus, clubes de golfe, montanhas, escolas e universidades, túneis, monumentos, acampamentos, parques estaduais, praças e avenidas, assim como o edifício de escritórios adjacente à Casa Branca, que hoje levam o nome de Dwight Eisenhower se chamariam George G. Marshall. Mas ele colocou seu dever em primeiro lugar, sabendo que ninguém mais, senão ele próprio, poderia dar uma boa orientação ao Congresso, à imprensa, ao general Douglas MacArthur lá longe no Pacífico, ao intratável almirante Ernest J. King, chefe do Estado-Maior da Marinha e ao próprio presidente — nem mesmo Eisenhower. Esse ato de abnegação foi um verdadeiro sinal de grandeza. (No Reino Unido, foi repetido por Alan Brooke, que também adoraria comandar um exército em campo, mas reconheceu que precisava ficar perto de Churchill para impedi-lo de ordenar aventuras insensatas, de uma forma que qualquer outro chefe do Estado-Maior poderia não conseguir.)

Marshall, formado no famoso Instituto Militar da Virgínia, depois de servir na Guerra Hispano-Americana e nas Filipinas, tornou-se um excelente diretor de treinamento e planejamento da 1ª Divisão dos Estados Unidos na Primeira Guerra Mundial. Participou então do planejamento da bem-sucedida ofensiva de 47 dias na região de Meuse-Argonne, ou Mosa-Argonne, em setembro de 1918, que terminou com os alemães pedindo o armistício em novembro de 1918. Durante esse período, Marshall aprendeu muitas lições militares importantes e chamou a atenção do comandante da Força Expedicionária Americana, general John "Black Jack" Pershing, que fez dele seu braço direito após a derrota da Alemanha.

É claro que as batalhas em campo aberto e a alta capacidade de manobra dos exércitos no verão e outono de 1918 já eram bem diferentes da guerra estática de trincheiras do início do conflito, quatro anos antes. Os americanos só chegaram à Europa na primavera de 1918, de modo que as lições que Marshall aprendeu nesse final da Primeira Guerra contrastavam profundamente com as aprendidas pelos ingleses Churchill, Brooke e Montgomery, cujas experiências foram sobretudo da guerra estática de trincheiras. (Até hoje, ao se visitar a região de Ploegsteert, na Bélgica — ou "Plug Street", como os soldados ingleses a chamavam —, pode-se ver onde Churchill ficou estacionado nos primeiros quatro meses de 1916; as trincheiras permaneceram totalmente estáticas durante todo o período em que ficou ali. É impossível pensar em qualquer teatro ativo da Segunda Guerra Mundial, nem mesmo Monte Cassino, onde as linhas de frente não se moveram por um período tão longo, exceto durante o cerco de Leningrado.)

Marshall aprendeu muitas lições além das estratégicas, é claro. Aprendeu sobre o que o general sir Ian Hamilton chamou poeticamente de "a solidão ártica do comando", especialmente observando o general Pershing. Anos depois, recordou como Pershing havia se recostado no assento de seu carro quando voltou ao seu quartel-general, em Chaumont, após uma longa viagem de inspeção das linhas de frente, "e aqueles que o viram interpretaram sua atitude como desânimo. A partir desse pequeno incidente, espalhou-se o boato de que as coisas estavam indo muito mal".[5] Do episódio ele deduziu, tal como disse à esposa, Katherine, durante a Segunda Guerra: "Não posso me permitir ficar com raiva; isso seria fatal — é exaustivo. Meu cérebro precisa ficar limpo e claro. Não posso me permitir parecer cansado".[6]

É espantoso que Marshall, de fato, nunca parecesse cansado, considerando suas responsabilidades; mas possuía uma mente muito bem organizada, um talento para total concentração no assunto que estivesse à sua frente, uma habilidade para delegar poder (depois de ter depurado o Estado-Maior dos incompetentes, deixando apenas seus assessores de confiança) e uma ética de trabalho inquebrantável. Esse refinado cavalheiro da Pensilvânia, de maneiras elegantes, era incorruptível, obstinado e espantosamente calmo, considerando as pressões exercidas sobre ele. Poucos foram os momentos em que teve que bater com o punho na mesa durante as reuniões dos chefes de Estado-Maior; mas quando o fazia, seu antagonista — em geral, o almirante Ernest J. King — sempre cedia.

Os anos de Marshall entre as duas guerras envolveram funções tão variadas que até poderia parecer que foram feitas sob medida para um futuro chefe do Estado-Maior. Foi planejador no Ministério da Guerra; comandou o 15º Regimento de Infantaria na China por três anos; lecionou na Escola Superior de Guerra; foi comandante em Fort Benning, no estado da Geórgia, onde agiu como modernizador; comandou um grande distrito do Corpo de Conservação Civil, assim como a 5ª Brigada da 3ª Divisão de Infantaria do Estado de Washington. Em julho de 1938, voltou ao Ministério da Guerra como planejador e depois se tornou vice-chefe do Estado-Maior. Embora nunca tivesse comandado tropas em combate, possuía conhecimentos amplos e abrangentes sobre os mais variados aspectos da vida militar antes de ser nomeado para o cargo militar supremo, passando por cima de muitos outros generais.

A primeira decisão estratégica de Marshall depois que os Estados Unidos entraram na guerra também foi a sua maior decisão — na verdade, talvez o maior ato de um estadista de nível mundial no século XX, ao lado da decisão de Churchill de continuar enfrentando os nazistas em 1940. Juntos, Marshall e o presidente Roosevelt resistiram ao instinto natural do povo americano de punir o Japão imediatamente em retaliação a Pearl Harbor, optando, em vez disso, por derrotar a Alemanha primeiro. A política "Germany First" [Alemanha Primeiro] dos Estados Unidos desembarcou 250 mil soldados aliados no norte da África no período de um ano. O primeiro ataque aéreo americano contra a Alemanha partindo da Inglaterra ocorreu ainda antes, em 4 de julho de 1942. Enfrentar em primeiro lugar o inimigo mais poderoso, embora Hitler não houvesse provocado o confronto exceto por declarar guerra aos Estados Unidos quatro dias depois de Pearl Harbor, foi um ato previdente, ainda que Marshall tivesse dúvidas cruéis sobre onde e quando, exatamente, deveria ser desferido o primeiro golpe contra o inimigo na frente ocidental.

É claro que Marshall e Roosevelt não haviam chegado à decisão da "Alemanha Primeiro" da noite para o dia; o Ministério da Guerra, com seus estrategistas veteranos, inteligentes e dedicados, vinha simulando cenários de guerra e avaliando os vários resultados prováveis desde que Hitler chegara ao poder. Homens como Leonard Gerow, Brehon Somervell, Joseph Stilwell, Albert C. Wedemeyer, Dwight D. Eisenhower e vários outros fizeram suas conjecturas sobre a melhor estratégia a adotar e, mesmo antes de os Estados Unidos entrarem na guerra, discutiam a respeito com os britânicos nas conversações secretas chamadas "ABC-1", realizadas em Washington. Prevaleceu a visão do general prussiano Clausewitz, de que era preciso derrotar primeiro o inimigo maior e mais poderoso — no caso, a Alemanha —, apesar do ataque a Pearl Harbor.

No entanto, aí terminaria a concordância geral e começaria um sério desacordo. Pois Marshall preferia um ataque ao noroeste da França através do canal da Mancha, tão logo se pudessem reunir as forças necessárias, na chamada Operação Bolero. Assim, os desembarques da Operação Tocha no norte da África eram uma abominação para ele e para sua equipe de planejamento. Marshall não acreditava em cercar a Alemanha perifericamente, conforme a estratégia preferida pelos britânicos, ridicularizada pelos americanos, que a chamavam de *scatterization*, ou “dispersão”. Alguns dos planejadores mais anglofóbicos — e estes não faltavam — julgavam que os Estados Unidos estavam sendo atraídos para o Mediterrâneo pelos cínicos e astutos imperialistas britânicos, que precisavam proteger suas bases ali, assim como a rota pelo canal de Suez para suas colônias na Ásia e no Extremo Oriente. (Chegaram a sugerir, causticamente, que o Comando do Sudeste da Ásia, ou SEAC na sigla em inglês, significava “Save England’s Asian Colonies”, isto é, “Salvar as Colônias Inglesas na Ásia”.) Os americanos também suspeitavam que Churchill queria invadir a Itália não apenas para deixar Mussolini, aliado de Hitler, fora de combate, mas para abrir novas operações através do Adriático até os Bálcãs, também para fins britânicos egoístas, aparentemente. Na primavera de 1942, em Washington, o general Wedemeyer, um dos planejadores de Marshall de mais alto escalão, logo sentiu que os britânicos estavam tramando alguma coisa. Como disse Marshall:

> Ao que parece, eles concordaram em Londres com nossos conceitos de planejamento só da boca para fora. Continuaram a ser indevidamente prolíficos com novas ideias que desmantelavam [...] a Operação Bolero. Surgia um senso de emergência a cada esforço dos britânicos para desviar nossos recursos e nossos homens para outras áreas — áreas que não prometiam contribuir com resultados decisivos para a vitória, mas que iriam contribuir para o prestígio britânico e a maior segurança das linhas de comunicação conectando seu vasto Império.[7]

Wedemeyer queria “atacar a jugular”. Recordando uma reunião do gabinete de guerra britânico, em 9 de abril de 1942, ele escreveu sobre uma disputa inicial com os britânicos sobre os planos definitivos para uma operação de travessia do canal da Mancha, pois foi a precursora de muitas discussões, com os americanos sempre tendo em mente, em primeiro lugar, a ideia básica de se concentrar e fazer um esforço decisivo contra a região que é o coração do inimigo. Os britânicos, por outro lado, sempre voltavam ao conceito de dispersão, com ataques menores nas áreas periféricas do conflito, visando a desgastar o inimigo e enfraquecê-lo até o ponto que permitiria a invasão indiscutível, e quase sem resistência, da Fortaleza Europa pelas nossas forças.[8]

Churchill, escreveu Wedemeyer,

foi um líder glorioso, um inglês notável e magnífico, com lamentáveis deficiências como estrategista. [...] Depois de 1941, o problema era conter o aspecto pseudoestrategista de Churchill. Com seu hábito arraigado de assumir a autoridade, oriundo de séculos de domínio, os britânicos naturalmente esperavam que Washington se submetesse a qualquer estratégia que fosse decidida por seus próprios chefes militares e civis.[9]

Wedemeyer continua:

O defeito de Churchill como estrategista na Segunda Guerra Mundial era inerente à sua psicologia de habitante de uma ilha. Ele se apegava ao conceito histórico do Reino Unido [...] confiando em manobras diplomáticas sensatas, na Marinha Real e em ataques militares limitados em momentos oportunos para vencer no exterior. Além disso, também fora condicionado pela sua experiência na Primeira Guerra Mundial.[10]

Wedemeyer culpa Churchill por não perceber que a era dos veículos blindados rápidos, dos grandes aviões bombardeiros e dos velozes aviões de combate havia tornado o estilo de combate da Primeira Guerra obsoleto — uma acusação estranha a se dirigir a um dos pais do tanque de guerra e da RAF, a Real Força Aérea. Wedemeyer estava em terreno mais sólido ao argumentar que no Mediterrâneo, e especialmente na Itália, não havia uma ampla zona vulnerável e a logística exigiria muito tempo, ao passo que cruzar o canal da Mancha e tomar Le Havre, Cherbourg e a Antuérpia seria muito mais fácil, permitindo iniciar, a partir dali, uma guerra de manobras.[11]

Marshall queria que os Aliados seguissem a rota muito mais direta para Berlim via o noroeste da França; esperava que o resultado fosse uma gigantesca batalha decisiva ao estilo Clausewitz, tal como a que ele ajudara a planejar para a região de Meuse-Argonne, um quarto de século antes. De fato, conta-se que ele explodiu num acesso raro, mas impressionante, de raiva quando soube, no fim da primavera de 1942, que Brooke e Churchill não estavam pensando a sério em invadir e libertar a Europa em breve, embora, segundo ele, tivessem concordado com o plano em suas reuniões em Londres, em abril daquele ano. Em julho, Roosevelt enviou Marshall a Londres para negociar a estratégia futura, dizendo-lhe que "é da maior importância que as tropas terrestres americanas sejam acionadas contra o inimigo em 1942".[12]

Quando Marshall descobriu, em Londres, que os chefes de Estado-Maior e o primeiro-ministro britânico não queriam apoiar a abertura de uma segunda frente na Europa continental em 1942, julgando que os alemães estavam fortes demais e as tropas americanas eram demasiado novatas em combate, assim como pouco numerosas no Reino Unido naquele momento, ele ameaçou direcionar todo o esforço de guerra americano para uma política de "Japão Primeiro", destinando assim 70% dos recursos americanos para o Japão e apenas 30% para a Europa — em contraste com a política da "Alemanha Primeiro", que era quase exatamente o oposto. O almirante King, que sempre apoiara o princípio "Japão Primeiro", ficou encantado, mas Marshall certamente estava blefando. Não havia planos avançados para isso e, sobretudo, Marshall sabia que não teria o apoio do presidente Roosevelt. Churchill e Brooke, cientes disso devido às íntimas comunicações do primeiro-ministro britânico com Roosevelt, conseguiram desmascarar o blefe de Marshall. Algo bem parecido aconteceu no ano seguinte com a decisão tomada na Conferência de Casablanca, em janeiro de 1943, de atacar a Sicília em julho daquele ano. Mesmo depois dessa decisão, Marshall continuou advertindo que não se atacasse a Itália, porque o terreno era um paraíso para a defesa e um pesadelo para o ataque, mas também nesse caso sua posição não prevaleceu.

É difícil imaginar exatamente o que passava pela mente de Marshall nessas reuniões e momentos vitais, porque ele não era dado à introspecção nem a escrever diários, muito menos a assumir o protagonismo ou se justificar depois do fato consumado. Marshall tinha a autoconfiança olímpica de sentir-se responsável perante sua consciência e Deus, não para com a opinião pública ou a mídia. Durante a Segunda Guerra, políticos e também militares escreviam memorandos de olho na história, em suas memórias e na posteridade, não só para dar informações sobre os acontecimentos do dia. Muitas vezes, ao pesquisar nos arquivos, já tive a nítida impressão de ver alguma tentativa sutil de manipulação, de que estão falando comigo enquanto historiador, e não apenas como alguém espionando a correspondência alheia — especialmente quando a situação em campo tinha pouco a ver com o que está sendo descrito nas cartas ou memorandos. Pesquisar nos arquivos de George Marshall no Instituto Militar da Virgínia não é nada assim. Ele não escreveu memórias de guerra e permaneceu genuinamente modesto acerca de suas realizações, algo que Montgomery, Mark Clark e especialmente Louis Mountbatten foram incapazes de fazer — o que acabou por prejudicá-los em sua reputação. Além de Mark Clark, os generais que Marshall escolheu para a promoção foram Jacob Devers, George Patton, Leslie McNair, Omar Bradley e, sobretudo, Dwight Eisenhower. Ele sabia escolher muito bem as pessoas certas.

Quando os Estados Unidos entraram na guerra, o ex-chefe do Estado-Maior imperial britânico, marechal de campo sir John Dill, escreveu de Washington para Brooke: "Nunca vi um país tão despreparado para a guerra, e tão mole".[13] Os britânicos não tinham em alta conta os exércitos americanos recrutados às pressas, sua doutrina tática nem sua eficiência, e julgavam que a fé que a Força Aérea Americana fazia em bombardeios diurnos das cidades alemãs não levaria a nada mais que um massacre da tripulação das aeronaves. Churchill, porém, não compartilhava das dúvidas e do pessimismo dos generais britânicos. Suas extensas leituras sobre a Guerra Civil americana o haviam convencido de que, uma vez que o país estivesse totalmente engajado na guerra, seria desencadeada uma capacidade produtiva extraordinária e vastos exércitos seriam recrutados. Além disso, os oceanos protegiam o país das perturbações e interrupções que a indústria britânica vinha sofrendo. Ele também acreditava, implicitamente, na coragem do soldado americano comum.

Logo ficou claro que Churchill tinha razão. Enquanto, em 1940, os Estados Unidos produziram menos da metade das munições fabricadas pelo Reino Unido, em 1941 já eram dois terços, em 1942 o dobro, em 1943 quase três vezes mais e em

1944 quase quatro vezes mais. Em 1941, o Reino Unido já fabricara 59% de sua produção máxima de equipamento militar durante a guerra, e os Estados Unidos apenas 12%. Quanto às munições, um total de 13,4 milhões de operários americanos produziram quatro vezes mais do que os 7,8 milhões de operários britânicos. E o resultado é que, em 1942, um décimo das munições britânicas vinha dos Estados Unidos, mas, entre 1943 e 1944, elas já passavam de um quarto e, em certas áreas importantes, até da metade. Isso significou que a visão americana de uma estratégia grandiosa veio a prevalecer na época da Conferência de Washington, de maio e junho de 1943. Assim, Marshall conseguiu impor seu prazo para a Operação Overlord em maio de 1944, que atrasou apenas um mês devido à falta de lanchas de desembarque e mais um dia por causa do mau tempo. Com Marshall e Eisenhower, os britânicos tiveram a sorte de ter dois bons amigos do Reino Unido no topo da hierarquia militar americana. Desde o início de 1945, os dois começaram a dar ordens a suas respectivas equipes para que revisassem suas anotações excluindo as declarações antibritânicas mais extremadas — o que sugere que ali deveria haver muito veneno para preocupá-los. Ambos os líderes compreendiam os problemas de uma guerra de coalizão, resumidos de maneira tão pertinente pela frase de Churchill a Brooke: "Só há uma coisa pior do que lutar com aliados — é lutar sem eles!".[14] Churchill era capaz de fazer observações cáusticas sobre a elaboração das estratégias dos chefes de Estado-Maior conjunto das Forças Armadas americanas, especialmente quanto à invasão do sul da França, a Operação Bigorna, que ele abominava. Foi a isso que ele se referia quando, em 6 de julho de 1944, disse ao seu chefe de gabinete e também amigo, general sir Hastings Lionel Ismay, ou "Pug", que em seu pedido para tirar sete divisões da Itália e enviá-las à Operação Bigorna, "a combinação

Arnold*-King-Marshall é uma equipe das mais estúpidas que já foram vistas". Mas acrescentou que, pessoalmente, "eles são bons sujeitos e não há necessidade de lhes dizer isso".[15]

No final, Churchill foi mais amigo de Marshall do que Eisenhower, a quem Marshall nomeara para todos os cargos de alto escalão que tinha ocupado a partir de setembro de 1939. Como Marshall, Eisenhower não havia comandado, pessoalmente, tropas em ação e, portanto, não tivera chance de se distinguir no campo de batalha — o que, sem dúvida, teria acontecido se houvesse a ocasião. Ele precisava de um patrono no Departamento de Guerra e o encontrou na pessoa de Marshall. Este também estava longe de ser o general mais graduado disponível quando Roosevelt o nomeou chefe do Estado-Maior do Exército.

Em 14 de junho de 1951, num dos episódios menos gloriosos da história dos Estados Unidos, o senador Joseph McCarthy acusou Marshall de se juntar a Stálin em "uma conspiração de escala tão imensa que ultrapassa qualquer coisa desse tipo já ocorrida na história humana. Uma conspiração de tamanha infâmia que, quando finalmente for exposta, seus líderes merecerão para sempre as maldições de todos os homens honestos". Dois meses depois, Churchill publicou o quarto volume de sua história da Segunda Guerra Mundial, intitulado *The Hinge of Fate* [O eixo do destino], que incluía um relato do momento, em junho de 1942, em que ele e Brooke estavam no Salão Oval, na Casa Branca, com Roosevelt e Marshall quando o presidente teve que lhe dar a terrível notícia sobre a queda de Tobruk. "Nada poderia exceder a simpatia e o cavalheirismo dos meus dois amigos", escreveu Churchill sobre Marshall e Roosevelt.

---

* Henry H. (Hap) Arnold era o comandante das Forças Aéreas do Exército americano.

"Não houve recriminações; nenhuma palavra menos amável foi dita. 'O que nós podemos fazer para ajudar?', perguntou Roosevelt. Respondi imediatamente: 'Dê-nos o maior número possível de tanques Sherman e os envie para o Oriente Médio o mais rápido que puderem.'"[16] Os tanques foram enviados por Marshall imediatamente, tirando-os, assim, do Exército americano, bem como cem canhões autopropulsados; e os que chegaram até o Egito (depois que muitos foram afundados no caminho) tiveram um papel importante ao ajudar a vencer a Batalha de El Alamein, cinco meses mais tarde. Como escreveu Churchill: "Um amigo na necessidade é um amigo de verdade!".

Nesse volume de suas memórias e nos dois seguintes, publicados enquanto McCarthy prosseguia com ataques repulsivos à honra e ao patriotismo de Marshall, Churchill não perdia uma oportunidade de elogiar Marshall — chamando-o, por exemplo, de "um homem dedicado e que enxerga longe". (Por outro lado, Eisenhower não apoiava Marshall; na verdade, ele suprimiu um parágrafo em seu favor de um discurso que pretendia fazer na campanha eleitoral de 1952.) O apoio que Churchill deu a Marshall foi inestimável, pois vinha do homem que se opusera ao comunismo desde a Revolução Russa e que tentara, em suas palavras, "estrangular o bolchevismo no berço", propondo combater Lênin e Trótski quando McCarthy ainda tinha onze anos de idade. O apoio foi mais valioso ainda porque nessa época Churchill havia se tornado primeiro-ministro novamente. Em junho de 1953, durante a coroação da rainha Elizabeth II, enquanto McCarthy ainda estava atacando Marshall e até se preparando para investigar o Exército dos Estados Unidos por atividades antiamericanas, Churchill saiu da procissão que seguia pela nave da abadia de Westminster no final do serviço, fazendo esperar, assim, toda a fileira de membros da realeza e da nobreza, do clero e estadistas, para apertar calorosamente a mão de Marshall. Um amigo na necessidade é um amigo de verdade.

Sendo assim, o que devemos concluir da incessante argumentação de Marshall em favor de um ataque através do canal da Mancha em 1942 e 1943, época em que as forças alemãs ainda eram imensamente poderosas no Ocidente e não haviam sido derrotadas na frente oriental, em que a Luftwaffe tinha controle total dos céus da Normandia e da região de Pas-de-Calais, o Exército americano ainda não havia sangrado em batalhas como a do passo de Kasserine, os submarinos alemães rondavam o Atlântico sem ser detectados, o código naval Enigma não havia sido decifrado pela segunda vez e a Batalha do Atlântico ainda não fora vencida? O que devemos deduzir de seus argumentos a favor de um grande ataque através do canal da Mancha antes que os portos flutuantes Mulberry estivessem prontos, antes que os mares tivessem se livrado dos navios de guerra alemães como o *Bismarck* e o *Scharnhorst*, antes da construção do oleoduto submarino, e, sobretudo, antes que houvesse mais que um punhado de divisões americanas no sul da Inglaterra para participar desse ataque? Estaria Marshall falando sério ao advogar esse ataque em 1942, ignorando o ataque a Dieppe em agosto daquele ano, em que 60% dos 6086 homens que desembarcaram foram mortos, feridos ou capturados?

Minha forte suspeita — e só pode ser suspeita, pois é desnecessário dizer que Marshall não poderia revelar isso a alguém — é que um estrategista tão talentoso como George Marshall, com sua educação no Instituto Militar da Virginia, sua vivência da Primeira Guerra e sua experiência de membro sênior de equipe entre as guerras, não acreditava nem um pouco em ordenar um ataque no outono de 1942, mas acreditava em manter os britânicos, e seu próprio presidente, sempre prontos para isso, além de conter o lobby do "Japão Primeiro". Ele sabia perfeitamente que sua proposta seria derrotada pelos britânicos e por Roosevelt, talvez durante anos; mas apenas com a promessa constante de abrir uma segunda frente o mais rápido possível os soviéticos seriam incentivados a continuar fazendo os enormes sacrifícios que faziam, em vez de procurar um acordo de paz em separado. E, acima de tudo, pressionando por um ataque imediato pelo canal da Mancha ele poderia manter o ímpeto no Ministério da Guerra americano, assim como no Exército, na Marinha, na Força Aérea e nos Fuzileiros Navais, levando-os à máxima eficiência, até o momento em que a produção industrial americana e os sucessos militares da Rússia no leste pudessem, finalmente, vencer a hesitação dos britânicos e convencer o presidente Roosevelt. Somente exigindo um confronto imediato contra a Wehrmacht, que sem dúvida era o melhor Exército do mundo antes de 1944, Marshall conseguiria concentrar as energias dos Aliados para se prepararem para esse futuro ataque.

Marshall sabia, quase com certeza, que seu blefe seria desmascarado em 1942 ou 1943. Ele controlava o cronograma de quantos soldados americanos iam chegando ao Reino Unido, sem os quais a operação não poderia ser lançada de maneira nenhuma. Ele conhecia a imensa quantidade de equipamentos e materiais que teria que ser transportada logo que o oceano estivesse finalmente seguro com a vitória na Batalha do Atlântico, que acabou sendo conquistada no verão de 1943. Ele conhecia a mente de Roosevelt e em que direção ela estava, lentamente, se voltando.

Portanto, Churchill e Brooke estavam errados ao difamar a contribuição de Marshall como estrategista. Marshall ficou perfeitamente à vontade ao fazer o papel de um feroz proponente de uma ofensiva precoce porque sabia que seria voto vencido, derrotado pelos britânicos e por seu próprio presidente. Além disso, não estava dando a mínima importância para o veredito da história sobre seu senso estratégico, porque tudo o que lhe importava era acertar. Se ele tivesse aceitado humildemente a recusa britânica de atacar pelo canal da Mancha em 1942 e 1943, em vez de se opor constantemente a ela, teria sido muito mais difícil exigir deles que aceitassem a operação em 1944. E, quando de fato precisou que sua posição prevalecesse — tal como na Operação Bigorna, em agosto de 1944, e ao impedir que Churchill adotasse uma estratégia centrada nos Bálcãs nesse mesmo ano —, teve pouca dificuldade para conseguir o que queria.

George Marshall reconheceu, tanto quanto seus colegas grandes estrategistas, o resultado que um desembarque prematuro no continente poderia ter: um desastre que causaria um atraso de vários anos para a vitória na frente ocidental. Ele fingiu decepção, raiva e ressentimento a fim de fortalecer sua posição com o passar do tempo e para manter os Aliados trabalhando ativamente para a Operação Overlord, que acabou ocorrendo no lugar certo, na hora certa e com a força certa, em grande parte como resultado de seus esforços. O cidadão comum só conhece George C. Marshall, se é que já ouviu falar nele, por causa do Plano Marshall do pós-guerra — a salvação econômica da Europa. Na verdade, Marshall deveria ser conhecido pelo seu plano de primeiro tirar a Alemanha da guerra e só depois o Japão.

Churchill cometeu uma grave injustiça para com Marshall com suas palavras "Se não como estrategista" naquela carta a Clementine, pois Marshall foi um arquiteto fundamental da estratégia que foi adotada e, em última análise, saiu vitoriosa. O Exército que ele construiu transformou os Estados Unidos na superpotência global que são hoje, com todos os benefícios que daí decorreram para a civilização ocidental. Ele deveria ser um nome bem familiar hoje em dia, mas a justiça não é uma característica da história. E o fato de que George Marshall fosse, pessoalmente, indiferente à fama não é senão uma pequena parte de sua grandeza duradoura.

7. Charles de Gaulle

1890-1970

AO ESCREVER A BIOGRAFIA OFICIAL do almirante lorde Mountbatten, chefe supremo do Comando do Sudeste Asiático na Segunda Guerra Mundial, o historiador britânico Philip Ziegler sentiu-se obrigado a colocar um aviso em sua mesa que dizia: "Lembre-se de que ele foi um Grande Homem". Mountbatten se permitiu cometer tantos atos de vanglória mesquinha que Ziegler tinha que se lembrar constantemente de que, por trás de todo aquele exibicionismo e autopromoção, havia de fato um líder sério e de grande valor. Charles de Gaulle também foi, sem dúvida, um grande homem, apesar da profunda antipatia pelos anglo-saxões, a qual o levou a cometer atos de mesquinharia que o depreciam à luz da história. No caso de Winston Churchill e Franklin Roosevelt, a antipatia de De Gaulle era total e entusiasticamente correspondida.

Com frequência os grandes líderes de guerra são profundamente influenciados em sua maneira de pensar, na idade madura, por eventos políticos importantes ocorridos na juventude. Para Charles de Gaulle, esse evento-chave foi a humilhação da França pelo Reino Unido no Incidente de Fachoda, em 1898. Embora tenha ocorrido durante o mês do seu oitavo aniversário, ele ouvia o fato ser mencionado constantemente na adolescência, porque seu pai, um pequeno aristocrata e nacionalista do norte da França, se referia ao caso regularmente com um ardente ressentimento. A expansão francesa no norte da África ao longo de um eixo leste-oeste havia sido interrompida e repelida — sem derramamento de sangue — na pequena aldeia de Fachoda, no Sudão, por uma força britânica mais poderosa, sob o comando de lorde Herbert Kitchener, algo que De Gaulle *père* nunca esqueceu nem perdoou.

A anglofobia de Charles de Gaulle durante a guerra — quando viveu em Londres, a convite dos britânicos, após a queda da França — foi explicada por seu biógrafo Jean Lacouture por "sua infância, marcada pelo som da palavra Fachoda, sempre dita ao seu redor". Mas houve várias outras influências, entre elas,

> porque [como segunda língua] ele não falava inglês, mas sim alemão; porque não tinha em grande conta a conduta dos britânicos durante a guerra de 1914-8, e porque estava acostumado com a imprensa de direita — incluindo L'Action Française —, em que todos os infortúnios da diplomacia francesa eram atribuídos às intrigas da "pérfida Albion"; [...] porque ele culpava lorde Runciman e Chamberlain pelo recuo na Conferência de Munique; e, finalmente, porque achava que o apoio militar britânico à França [de setembro de 1939 a junho de 1940] tinha sido irrisório.[1]

Parte da personalidade fascinante e irritante de De Gaulle provém de seus antecedentes familiares, parte de sua leitura altamente chauvinista da história da França, parte de sua formação de cadete na academia militar de St. Cyr e parte das humilhações que a França sofreu nas mãos da Alemanha entre 1870 e 1944. Pode-se discordar de algumas opiniões suas — por exemplo, não foi o Exército britânico que se amotinou nas trincheiras em 1917, mas sim soldados franceses —; mas, em vez de investigar as origens do preconceito que marcou toda a vida de De Gaulle, é importante colocá-lo no contexto de sua liderança em tempos de guerra. Pois seu preconceito contra Churchill e os britânicos, plenamente igualado por seu ressentimento contra Roosevelt e os americanos, foi, na verdade, um pré-requisito relevante para o seu sucesso, e foi, basicamente, o que o diferenciava dos outros governos europeus livres que estavam no exílio em Londres durante a guerra.

Pois de que outra maneira De Gaulle poderia garantir que, após a vitória, a França fosse tratada de maneira diferente, digamos, da Itália, que também lutou dos dois lados no conflito e também foi ocupada tanto pelo Eixo como pelos Aliados? Em 1945, em vez de sofrer o mesmo destino da Itália, que mudou de lado em setembro de 1943, enquanto a maioria dos franceses só se rebelou contra os nazistas nove meses depois, a França recebeu uma zona de ocupação em Berlim e um assento no Conselho de Segurança nas Nações Unidas e foi tratada como uma das potências vitoriosas.

A razão para esse tratamento diferenciado foi, em grande parte, a pura truculência de Charles de Gaulle, que constantemente exigia para o seu país a mesma consideração que se tinha para com o Reino Unido e os Estados Unidos, e seu sucesso ao criar um mito que dava apoio a essa atitude. Ele não só mordeu as mãos que o alimentaram como fez delas seu *hors d'œuvre*, entrada e sobremesa. Mas teve que agir assim: era a única maneira de mostrar que tinha capacidade de agredir. Nas palavras de seu biógrafo Julian Jackson, De Gaulle alcançou seus sucessos diplomáticos para o movimento França Livre quase sozinho, fazendo uso constante de ingratidão, intransigência, "sarcasmo feroz" e "erupções vulcânicas de desprezo".[2]

As contradições do homem De Gaulle são parte essencial de seu mito: "Foi um militar que passou grande parte da carreira se opondo ao Exército, um conservador que adotava mudanças e um homem de enorme ambição que por duas vezes renunciou ao poder voluntariamente".[3] Poderíamos acrescentar também que foi um imperialista que se retirou da Argélia, um conservador fiscal que estatizou os bancos e um patriota francês que cogitou ver o Exército invadindo a França metropolitana a partir da Argélia a fim de se tornar presidente em 1958.

De grande ajuda em sua vida foi o fato de que Charles de Gaulle não sabia o que era o medo — algo que provou repetidas vezes. Demonstrou tanta coragem na Primeira Guerra Mundial — em que foi ferido três vezes e fez cinco tentativas de fuga dos campos de prisioneiros de guerra —, que foi dado como desaparecido e presumido morto em duas ocasiões; assim, teve a experiência extremamente gratificante de ler seus próprios obituários, que lhe prestavam grandes homenagens, não uma vez, mas duas. Sua coragem física era lendária: houve nada menos de catorze tentativas de assassiná-lo no pós-guerra, e após a que chegou mais perto de ter sucesso, em agosto de 1962, disse com desdém ao primeiro-ministro Georges Pompidou, que tremia a seu lado: "Essa gente atira como uns porcos!".[4]

Outro aspecto atraente de sua personalidade era o amor pela família, especialmente pela filha Anne, que tinha síndrome de Down e morreu aos vinte anos, em 1948. Em seu enterro, De Gaulle ficou por um longo tempo com a esposa, Yvonne, ao pé da sepultura, em Colombey-les-Deux-Églises, até levá-la embora, com as palavras: "Vamos. Ela agora é como as outras".[5]

“Quando os franceses lutam pela humanidade, são maravilhosos”, escreveu André Malraux; “quando lutam por si mesmos, não são nada”.[6] Em 1940, eles estavam lutando na defesa do Ocidente, mas, depois de amargar 90 mil mortos, 250 mil feridos e 1,9 milhão de prisioneiros em seis semanas, desistiram da luta. Nos anos entre as duas guerras, De Gaulle havia previsto que seriam as táticas avançadas de tanques e a *Blitzkrieg* que resultariam em vitórias futuras, mas ninguém lhe deu ouvidos. No mesmo dia em que o marechal Pétain decidiu se render à Alemanha, o jovem subsecretário de Estado da Defesa do governo que então se dissolvia decidiu não ceder.

Para um francês, deixar a França para sempre é um trauma, e De Gaulle seria condenado à morte em sua ausência. No entanto, na manhã de segunda-feira, 17 de junho de 1940, ele voou para as páginas da história quando decolou do aeroporto de Mérignac em um pequeno bimotor enviado por Churchill, levando apenas duas malas com seu nome e 100 mil francos doados por Paul Reynaud, o primeiro-ministro do governo que deixava o poder. Desembarcou no aeródromo de Heston, nos arredores de Londres, às 12h30. Apesar de ser apenas um novato no governo de Reynaud, De Gaulle era a figura de mais alto escalão disposta a deixar a França e desafiar Pétain; portanto, mereceu totalmente a ajuda previdente de Churchill ao lhe facilitar a fuga.

No dia seguinte, terça-feira, 18 de junho, De Gaulle transmitiu pela BBC o discurso que lhe rendeu uma glória indelével. Depois de admitir francamente que as táticas dos alemães haviam “submergido” a França e que o governo francês estava em processo de capitulação, ele disse:

> Mas deve a esperança desaparecer? Será final a derrota? Não. [...] A França não está sozinha! Ela não está sozinha! Ela tem

> atrás de si um imenso Império. [...] Esta guerra não se limita ao infeliz território do nosso país. Esta guerra não foi decidida pela Batalha da França. Esta guerra é uma guerra mundial. [...] Eu, general De Gaulle, agora em Londres, conclamo os oficiais e soldados franceses que estão em solo britânico [...] a entrar em contato comigo. Aconteça o que acontecer, a chama da resistência francesa não deve se apagar, e não se apagará.[7]

Poucas pessoas ouviram o discurso, mas milhões iriam lê-lo, pois a imprensa francesa ainda não havia sido censurada. De repente, o nome desse jovem ministro de quem a maioria dos franceses nunca tinha ouvido falar — nome que lembrava os antigos gauleses que lutaram contra os invasores romanos — passou a representar o espírito da resistência aos nazistas.

De Gaulle tinha que trabalhar rápido se quisesse estabelecer a França Livre como uma força aliada, capaz de dar uma contribuição significativa para a vitória final. Ele tinha que criar e pôr funcionando um governo provisório, isso para um país que já possuía um governo real e em pleno funcionamento baseado em Vichy. Tinha que arrecadar dinheiro, fundar a partir do zero um Exército, uma Marinha e, se possível, uma Força Aérea, definir uma estratégia militar para a libertação final do país, negociar o futuro constitucional do Império francês na África e na Ásia, à medida que este ia sendo libertado do domínio do governo de Vichy, e ainda lidar com inúmeras questões que causariam confrontos com o Ministério das Relações Exteriores britânico e o Departamento de Estado americano. De Gaulle fez tudo isso com a certeza da vitória final e da restauração da honra e do prestígio nacional da França, equivalentes à confiança de Churchill no Reino Unido. A filha de Theodore Roosevelt disse, certa vez, que seu pai não se dava bem com Churchill porque os dois eram muito parecidos; o mesmo se poderia dizer sobre Churchill e De Gaulle em relação ao orgulho que cada um sentia de seu país.

Em Londres, De Gaulle foi prejudicado pelo fato de que havia muito mais franceses lutando a favor do regime colaboracionista de Vichy do que lutando pela França Livre, de modo que os anos 1940-4 foram difíceis para ele e para o número relativamente pequeno de Franceses Livres que atenderam ao seu chamado. Além disso, três semanas após a chegada do General em Londres, Churchill ordenou que se afundasse a frota francesa ancorada em Oran, na Argélia. De Gaulle caracterizou a ação como "uma dessas explosões sombrias pelas quais o instinto reprimido desse povo derruba todas as barreiras".[8] Quase 1300 marinheiros franceses morreram em dez minutos, sem nenhuma perda do lado britânico, numa batalha naval que já foi definida, corretamente, como a mais desequilibrada do século XX.

Embora alguns membros da Marinha Real britânica — geralmente os oficiais — tivessem remorsos quanto ao acontecimento, Winston Churchill foi aplaudido pela Câmara dos Comuns, aliviada por saber que a poderosa Marinha francesa, a quarta maior do mundo, não poderia mais cair nas mãos dos alemães e ser utilizada para ajudar a invadir o Reino Unido. Foi a primeira vez que Churchill despertou um caloroso aplauso em seu mandato de primeiro-ministro. Foi também o momento em que os americanos reconheceram que o Reino Unido tinha a vontade e a inclemência necessárias para continuar na luta.

A aventura militar em que a França Livre de De Gaulle, juntamente com uma força britânica, tentou capturar Dakar, capital do Senegal, na época pró-Vichy, foi um desastre. Seu nome em código era Operation Menace [Operação Ameaça], mas a resistência firme do governo de Vichy repeliu facilmente o ataque de De Gaulle, que não foi nada ameaçador. "Fomos para Dakar com o general De Gaulle/ Ficamos navegando em círculos e não fizemos nada!", era o refrão de uma música cantada por fuzileiros navais ingleses, quando bêbados.[9] A julgar pela maneira como oficiais da França Livre brindavam "*A Dakar!*" em restaurantes franceses em Londres, antes de partirem, os serviços de segurança britânicos não desejavam compartilhar informações com De Gaulle, o que se tornaria um sério ponto de discórdia mais tarde na guerra; de fato, ele só foi informado dos planos da Operação Overlord no dia D-2 (Dia D menos dois), apenas 48 horas antes do ataque.

Os adjetivos usados para descrever De Gaulle durante esse período incluem truculento, distante, temperamental, brusco, frio, reservado, rude, enigmático e ambíguo — isso tudo numa biografia amigável —, e todos esses atributos aparecem nas relações com seu anfitrião Winston Churchill durante a Segunda Guerra.[10] De Gaulle, igualmente, via os britânicos como "frios, implacáveis e traiçoeiros".[11] Sua insistência em ser tratado como líder mundial, em pé de igualdade com Churchill e Roosevelt, era, obviamente, um absurdo em termos da contribuição de cada um deles para o esforço de guerra, em homens e equipamentos. Enquanto o Império britânico contribuiu com mais de 15 milhões de soldados para a causa dos Aliados e os Estados Unidos tinham, em 1945, 16,5 milhões de homens e mulheres em uniforme, as forças da França Livre nunca passaram de algumas dezenas de milhares, e às vezes menos que isso.

A insistência de De Gaulle na paridade de tratamento deixava *les anglo-saxons* frustrados, ao ponto de, após a Operação Tocha, no norte da África, em novembro de 1942, que fora realizada contra a França de Vichy e não contra os alemães, Roosevelt favorecer ativamente o general francês Henri

Giraud, que havia escapado de um campo de prisioneiros de guerra e chegado ao norte da África, para comandar a França Livre, mergulhando De Gaulle em uma amarga batalha interna contra Giraud, quando os dois se tornaram copresidentes do Comitê Francês de Libertação Nacional.

Era só com muita relutância que Churchill apoiava De Gaulle; o homem o enfurecia, mas sua fuga da França em junho de 1940 sempre inclinava a balança a seu favor, pois Churchill admirava a coragem acima de todas as outras qualidades humanas. ("A coragem é considerada, corretamente, a primeira das qualidades humanas, pois é essa qualidade que garante as outras", escreveu Churchill em seu livro *Grandes homens do meu tempo*.)[12] Roosevelt, que achava que De Gaulle tinha tendências ditatoriais, ficava especialmente enfurecido pela maneira como as ações do General — como invadir as ilhas St. Pierre e Miquelon, na costa do Canadá, no dia de Natal de 1941, sem avisar Washington — ameaçavam a continuidade das relações diplomáticas dos Estados Unidos com a França sob o governo de Vichy.

Dizia-se que Churchill, pelas costas, comparava De Gaulle a "uma lhama que foi surpreendida no banho".[13] Devia haver um elemento ligeiramente cômico na disparidade entre os dois homens — que tiveram muitas brigas titânicas — discutindo cara a cara, já que havia entre eles uma diferença de altura de 25 centímetros (mesmo sem o quepe do General). Em novembro de 1944, Cecil Beaton fotografou De Gaulle e Churchill inspecionando as tropas francesas nas montanhas dos Vosges, com a neve caindo. É uma foto expressiva, mas, mesmo com seu quepe de oficial da Real Força Aérea, Churchill só chegava ao ombro de De Gaulle.

A ingratidão de De Gaulle para com seus anfitriões é lendária. "Vocês acham que estou interessado na vitória da Inglaterra nesta guerra", disse a seu oficial de ligação britânico, general sir Louis Spears. "Não é isso que me interessa. Estou interessado apenas na vitória da França."[14] Quando Spears fez a observação meramente lógica de que "As duas são a mesma coisa", De Gaulle respondeu: "Longe disso; longe disso, no meu modo de ver". Ao inspecionar os marinheiros franceses em Portsmouth, perguntou ao comandante: "*Combien des Anglais avez-vous ici?*" ("Quantos ingleses vocês têm aqui?"). A resposta foi: "*Dix-sept, mon général*". ("Dezessete, meu general.") "*C'est trop!*" ("É demais!") respondeu De Gaulle.[15] Pouco depois, o comandante recebeu ordem para reduzir o contingente britânico. Também se conta a história de que, quando De Gaulle visitou a cidade de Stalingrado, devastada, em 1944, um jornalista francês lhe perguntou o que ele pensava. De Gaulle falou em "um povo grandioso" e lentamente o jornalista foi percebendo que o General estava falando dos alemães, e não dos russos, principalmente quando fez o comentário: "Para terem chegado tão longe".[16]

Em junho de 1943, o presidente Roosevelt escreveu a Churchill a propósito de De Gaulle: "Estou absolutamente convencido de que ele prejudicou e continua prejudicando o nosso esforço de guerra e que é uma ameaça muito perigosa para nós. Concordo com você — ele não gosta nem dos britânicos nem dos americanos e, sem dúvida, nos trairia na primeira oportunidade".[17] Além disso, Churchill considerava De Gaulle "um francês fanático de mente estreita, com ambição excessiva e algumas opiniões bastante duvidosas sobre a democracia".[18] Quando o Dia D chegou, a rixa entre De Gaulle e os anglo-saxões era tão grande que, mesmo antes que qualquer tropa da França Livre desembarcasse na Normandia, ele anunciou, pelo rádio, que se tratava de uma "batalha da França" e nem sequer mencionou a contribuição dos outros Aliados.

Quando Churchill o informou sobre a Operação Overlord, em 4 de junho, De Gaulle insistiu em várias condições para dar seu apoio. Isso deu início a uma série de negociações tão intensas que, nas primeiras horas de 6 de junho — quando os paraquedistas aliados já estavam saltando nas praias da Normandia —, Churchill ordenou que De Gaulle fosse enviado de volta a sua base em Argel "acorrentado, se necessário. Ele não deve ter permissão para entrar na França".[19] Foram necessários os melhores esforços diplomáticos do ministro de Relações Exteriores britânico, Anthony Eden, para revogar a ordem.

De Gaulle reconheceu que sentia "um orgulho ansioso" pela França, e tinha razão de sentir, um país que foi tão exaustivamente destruído nas duas guerras mundiais. No entanto, como assumia que a França necessitava de grandeza apenas para *ser* a França, ele simplesmente insistia nesse ponto, qualquer que fosse a realidade econômica e estratégica. O diplomata britânico lorde Gladwyn assinalou, com perspicácia, que "sem dúvida, o principal fracasso do General foi atribuir à França um papel que estava além do poder do país".[20] Essa curiosa combinação de complexos de inferioridade e superioridade não apenas explica a atitude de De Gaulle durante a guerra, mas também define o significado do gaullismo, um programa político basicamente vinculado à personalidade de seu fundador.

A enorme Cruz de Lorena em ferro que fica na praia de Juno, em Courseulles-sur-Mer, traz uma placa que descreve De Gaulle como "o Libertador". A 3ª Divisão de Infantaria do Canadá, comandada pelo major-general Rodney Keller, desembarcou na praia de Juno no Dia D enfrentando forte resistência alemã e chafurdou pelas areias encharcadas do sangue dos seus companheiros para capturar todos os seus objetivos, no que foi chamado "o dia mais longo da história". Em contraste, o "Libertador" desembarcou oito dias depois e caminhou pela praia para fazer discursos que mal mencionaram a contribuição anglo-saxônica. Não paira a menor dúvida sobre quem foram os verdadeiros libertadores, mas era essencial para a autoestima dos franceses que fosse criado um mito, e ninguém melhor para criar mitos do que Charles de Gaulle.

Considere as estatísticas: das 39 divisões designadas para a campanha na Normandia, apenas uma era francesa, a 2ª Divisão Blindada, sob o comando do major-general Jacques-Philippe Leclerc (pseudônimo do visconde Philippe-Marie de Hauteclocque). Essa divisão lutou com muita coragem para fechar o bolsão de Falaise no cerco aos alemães na Normandia, mas sem dúvida a batalha seria vencida sem sua participação. A contribuição militar das forças de De Gaulle durante a campanha foi, realisticamente, insignificante.

Na Ordem do Führer nº 51, de 3 de novembro de 1943, Adolf Hitler concluiu: "O perigo na frente oriental permanece, mas um perigo maior aparece agora na frente ocidental: um desembarque anglo-saxão".[21] E ele estava correto, no sentido de que os desembarques que iniciaram a libertação da França do domínio alemão se constituíram sobretudo dos povos de língua inglesa. Vejamos as nacionalidades dos soldados mortos no próprio Dia D: 2500 americanos, 1641 britânicos, 359 canadenses, 37 noruegueses, dezenove membros da França Livre, treze australianos, dois neozelandeses e um belga. Em outras palavras, dos 4572 soldados aliados que deram a vida para libertar a França naquele dia decisivo, 0,004% eram franceses.

A chegada de De Gaulle à França em 14 de junho, mais de uma semana após o Dia D, foi apenas para uma visita de um dia a Bayeux, após a qual ele partiu para Argel e não regressou ao solo francês até 20 de agosto. Enquanto isso, o 3º Exército americano, do general George Patton, rompeu o cerco em Avranches, no final de julho, e atravessou a Bretanha. A Resistência e os comunistas franceses — organizações totalmente separadas das forças da França Livre, de De Gaulle — estavam fazendo um trabalho corajoso e vital apoiando as forças Aliadas, especialmente ao dificultar a retaliação dos blindados alemães, mas, em sua base no norte da África, De Gaulle não teve nenhum papel nisso.

Numa lista de suas principais preocupações, feita pouco antes do início da Operação Overlord, o comandante supremo dos Aliados, o general Dwight Eisenhower, colocou De Gaulle em primeiro lugar, acima até da incerteza sobre o clima no canal da Mancha. Nos quatro anos anteriores, De Gaulle havia sido fonte constante de irritação para os responsáveis pelas tomadas de decisão dos Aliados, insistindo em ser tratado como um chefe de Estado no mesmo nível do rei George VI e do presidente Roosevelt, mesmo que, sem dúvida, não fosse nada disso. Suas forças da França Livre eram mínimas, mas insuportavelmente orgulhosas, sempre dispostas a ampliar qualquer minúsculo gesto de menosprezo, muitas vezes totalmente imaginado, da parte de *les anglo-saxons*. Em certo sentido, os ressentimentos de De Gaulle eram heroicos e patrióticos, pois, a fim de proteger a autoestima dos franceses pelo restante da guerra e pelos anos do pós-guerra, ele teve que criar o mito da autolibertação da França, por mais falso que isso tenha sido e por mais que isso irritasse britânicos e americanos. Por razões políticas e de prestígio, De Gaulle implorou a Eisenhower que as tropas francesas fossem as primeiras a entrar em Paris; o comandante supremo concordou e manteve sua palavra. Eisenhower só foi a Paris em 27 de agosto, em parte para não prejudicar o protagonismo de De Gaulle.

Eisenhower deu a ordem ao major-general Leclerc para entrar imediatamente em Paris, em 22 de agosto de 1944. Ele tinha outras unidades, incluindo a 4ª Divisão dos Estados

Unidos, que poderiam ter feito isso, porém quis que os franceses tivessem a glória. De Gaulle, por sua vez, ordenou que Leclerc chegasse à capital antes dos americanos. O primeiro dos tanques Sherman (de fabricação americana) de Leclerc chegou à Rue de Rivoli às 9h30 da manhã de 25 de agosto, e, no documento de rendição assinado naquela mesma tarde entre Leclerc e o general Dietrich von Choltitz, o comandante alemão de Paris, não havia absolutamente qualquer menção ao Reino Unido ou aos Estados Unidos.

Quando De Gaulle chegou a Paris, fez mais um dos grandes discursos de sua vida, na prefeitura de Paris, às dezessete horas do dia 25, quando gritou: "Paris! Paris ultrajada! Paris partida! Paris martirizada! Mas Paris libertada! Libertada por si mesma, libertada pelo seu povo com a ajuda do Exército francês, com o apoio e a ajuda de toda a França, de toda a França que luta, da única França, da verdadeira França, da eterna França!".[22] O discurso não citava qualquer contribuição dos Aliados até fazer uma breve menção de sua existência já bem no final, a despeito do fato de que Paris nunca teria sido libertada se não fosse pelo enorme esforço dos Aliados nas dez semanas decorridas desde o Dia D. Além disso, nunca teria havido um levante na capital se as tropas aliadas não estivessem tão próximas. "Qualquer divisão americana poderia ter liderado mais facilmente nosso avanço para Paris", recordou mais tarde o general Omar Bradley. "Mas, para ajudar os franceses a recuperar seu orgulho, escolhi uma unidade francesa, com uma bandeira tricolor nos seus tanques Sherman."[23] Em suas memórias do pós-guerra, Bradley definiu a entrada em Paris como uma missão em que bastava marcar o roteiro num mapa.

O major-general Leclerc perdeu um total de 76 homens na libertação de Paris, embora 1600 habitantes tivessem morrido no levante, incluindo seiscentos não combatentes. Hoje há marcas por toda a cidade lembrando os lugares onde caíram soldados e *résisteurs*. Ninguém desejaria menosprezar seu sacrifício glorioso, mas o fato é que a única razão pela qual Leclerc foi designado para a tarefa é que Eisenhower podia abrir mão da 2ª Divisão Francesa em batalhas muito mais importantes que estavam sendo travadas no norte e no sul da França, batalhas em que forças britânicas, americanas e canadenses lutavam contra unidades alemãs de elite. Elas mereciam mais reconhecimento por parte de De Gaulle.

Na manhã seguinte, 26 de agosto de 1944, Charles de Gaulle liderou um desfile saindo do Arco do Triunfo e descendo pela Avenue des Champs-Élysées até um culto de ação de graças na catedral de Notre-Dame. Quando os líderes da Resistência se aproximaram dele no desfile para marchar ao seu lado, ele os advertiu para que recuassem; a glória deveria ser só dele. Foi muito aplaudido, mas é claro que em tempos de guerra o povo é volúvel; quando o marechal Philippe Pétain, presidente do governo colaboracionista de Vichy, visitou Paris em 26 de abril de 1944 — apenas quatro meses antes —, centenas de milhares de franceses também foram às ruas para aplaudir e gritar "*Vive le maréchal!*". O que a França precisava desesperadamente era de um mito de autolibertação heroica. E foi isso que De Gaulle lhes deu em agosto de 1944, e no que eles passaram a acreditar — alguns até hoje. (Em agosto de 2004, no sexagésimo aniversário da libertação de Paris, em uma edição comemorativa especial de 48 páginas do jornal *Le Parisien*, a contribuição das forças britânicas, americanas, canadenses e outras unidades não francesas só foi mencionada na página dezoito, quando o artigo alegou que os Aliados não desejavam libertar Paris, mas foram obrigados a enviar forças para lá apenas depois que os franceses haviam, efetivamente, se libertado.)

Quando os fiéis entraram na Notre-Dame para a missa de ação de graças pela libertação, houve tiros disparados de dentro da catedral. Todos se abaixaram para se proteger, exceto De Gaulle, que continuou caminhando ereto, com seu 1,93 metro, em direção ao altar. Não está claro se ainda havia alemães emboscados na catedral, nem de onde os tiros poderiam ter saído, mas ninguém pode duvidar da extraordinária coragem física demonstrada pelo General naquela ocasião, como em tantas outras ao longo de sua vida.

"A França não pode ser a França sem grandeza", escreveu o general De Gaulle no primeiro parágrafo de suas *Memórias de guerra*.[24] Entre 1940 e 1944, houve bem pouca grandeza na França, exceto nas ações da Resistência Francesa, do próprio De Gaulle e da França Livre, cujos membros constituíam, no total, apenas uma pequena parte da população. Não se pode negar que ele tinha uma visão totalmente clara e nítida dos interesses nacionais franceses; e, para ele, nada mais importava.

Houve algumas áreas em que De Gaulle não conseguiu escapar da influência de *les anglo-saxons*. Quando finalmente renunciou, em 1969, tirou férias na Irlanda, onde fez amizade com Éamon de Valera, presidente do país. Descobriram duas coisas em comum: tinham a mesma altura e, segundo o historiador britânico Paul Johnson, "a mesma hostilidade e desconfiança da Inglaterra. Mas havia uma dificuldade. O único idioma em que podiam conversar com alguma fluência era o inglês".[25]

Quando a França teve que enfrentar um destino que, felizmente, nem o Reino Unido nem os Estados Unidos, protegidos por quilômetros e quilômetros de mares, jamais precisaram sofrer, o povo francês teve que lidar com a ocupação nazista de inúmeras maneiras diferentes, incluindo de tudo, desde a colaboração total à resistência em grande escala, e entre elas uma vasta penumbra de posições que mudavam com frequência. A atriz francesa Arletty, quando foi presa, após a Libertação, por passar os anos da ocupação morando no Hotel Ritz com uma sucessão de oficiais alemães, explicou: "*Mon cœur est français, mais mon cul est international!*" ("Meu coração é francês, mas minha bunda é internacional!").[26]

Se todos tivessem adotado a posição de Arletty, a França não poderia ter sobrevivido, é claro. Mas, pelo contrário, houve homens e mulheres que lutaram. Sob muitos aspectos De Gaulle foi um monstro, mas deve ser considerado um monstro sagrado, certamente o maior dos franceses desde Napoleão até os dias de hoje. Raramente a história escolhe alguém para salvar a honra de seu país, mas esse foi o destino do general De Gaulle. Ao lado desse esplêndido legado, todas as críticas sobre sua ingratidão, seu orgulho e sua mesquinharia ficam em segundo plano. Charles de Gaulle foi um dos gigantes, e devemos saudá-lo como tal. Apesar de tudo, ele foi um grande homem.

8.
Dwight D. Eisenhower
1890-1969

NO SÁBADO 8 DE AGOSTO DE 1953, o marechal britânico Bernard Montgomery rumou a Buckinghamshire para passar o fim de semana com seu antigo chefe e companheiro de armas, Winston Churchill, na residência oficial de campo do primeiro-ministro. Durante o jantar, conversaram sobre um assunto que um dos presentes, Jock Colville, secretário particular de Churchill, denominou "os cinco erros capitais" que os americanos haviam cometido na Segunda Guerra Mundial. Para Montgomery, esse era um dos tópicos favoritos de conversa — talvez o grande favorito. No entanto, era um tópico que Churchill, dedicado atlanticista, raramente abordava, talvez porque um dos mais importantes planejadores das operações americanas durante a guerra, o general Dwight D. Eisenhower, acabara de ser eleito presidente, em novembro do ano anterior.

Montgomery, porém, ao escrever suas memórias, não teve essas reticências: "Eu não classificaria Ike [Eisenhower] como um grande militar no sentido estrito da palavra. Ele poderia ter se tornado esse grande militar se tivesse tido alguma experiência de exercer o comando direto de uma divisão, um corpo, um Exército — o que, infelizmente, não aconteceu em sua carreira".[1] Essa visão impiedosa de Montgomery teve o apoio integral do sempre confiável americanófobo marechal de campo lorde Alan Brooke, que, como sir Alan Brooke, fora chefe do Estado-Maior britânico de dezembro de 1941 a 1946 e escrevera em seu diário em 15 de maio de 1944:

> Minha principal impressão foi que Eisenhower não estava realmente no comando dos pensamentos, dos planos, da energia ou da direção. Era apenas um coordenador, um homem sociável, defensor da cooperação entre os Aliados e, nesses aspectos, poucos chegam à sua altura. Mas será que isso basta? Ou não será possível encontrar todas as qualidades de um comandante em um único homem?[2]

No dia em que Brooke escreveu isso, Eisenhower havia informado ao rei George VI, a Churchill e a todos os chefes de gabinete e comandantes numa reunião do alto-comando na St. Paul's School, em Hammersmith, Londres, a respeito da iminente Operação Overlord, o desembarque aliado na Normandia. Não à toa o apelido de Alan Brooke no Exército era "Coronel Estilhaço".

As acusações contra Eisenhower foram proferidas não apenas pelos britânicos, mas também por alguns ilustres historiadores americanos. Recentemente, o historiador Rick Atkinson, duas vezes vencedor do prêmio Pulitzer, afirmou sobre Eisenhower:

> Não foi um marechal de campo especialmente talentoso, não foi um Grande Capitão. E, francamente, isso o corroía; foi sempre

> um admirador de Aníbal e desejava orquestrar uma operação de duplo envolvimento, como Aníbal a Batalha de Canas. Mas ele não tinha o dom de visualizar um campo de batalha em profundidade espacial e temporal, nem de impor inexoravelmente sua vontade operacional a um inimigo. Há vários exemplos de situações em que ele simplesmente não compreendeu a batalha.[3]

É quase impossível não gostar de Ike, com seu semblante alegre, o incansável otimismo de quem acha que tudo pode ser feito e a insistência na igualdade absoluta entre americanos e britânicos em sua equipe. Seu assessor naval, o capitão Harry C. Butcher, lembra-se dele repreendendo um oficial americano por brigar com seu colega britânico: "Eu te perdoo por chamá-lo de filho da mãe. Mas não posso te perdoar por chamá-lo de *inglês* filho da mãe".[4] Na preleção na St. Paul's School, mencionada acima, Eisenhower encerrou seus comentários com a tirada: "Daqui a meia hora Hitler terá perdido sua única chance de destruir, com uma única bomba bem dirigida, todo o alto-comando das forças Aliadas".[5] No entanto, por mais que se goste de Ike, é preciso ponderar as críticas feitas por seus colegas britânicos e por historiadores americanos modernos, como Atkinson.

Quais foram os supostos "cinco erros capitais" cometidos pelos Estados Unidos no teatro ocidental da Segunda Guerra, que Churchill e Montgomery listaram juntos naquela noite de verão, em 1953? Para citar Colville:

> 1. Eles impediram que [o general sir Harold] Alexander chegasse a Túnis da primeira vez, quando ele poderia facilmente fazê-lo.
> 2. Eles fizeram em Anzio o que [o general sir Frederick] Stopford fizera na baía de Suvla [na península de Galípoli,

em 1915]: ficaram estacionados nas praias e não firmaram posições no interior, como poderiam muito bem ter feito. Churchill disse, então, que queria que a operação de Anzio fosse sobretudo britânica.

3. Eles insistiram na Operação Bigorna [o ataque à Riviera Francesa em agosto de 1944], impedindo assim que o general Alexander tomasse Trieste e Viena.
4. Durante a Operação Overlord, Eisenhower se recusara a deixar Montgomery concentrar seu avanço no flanco esquerdo. Ele insistiu em avançar em uma frente ampla, para a qual não havia condições de apoio, e assim permitiu ao general alemão Rundstedt contra-atacar nas Ardenas. Isso prolongou a guerra, com terríveis resultados políticos, até a primavera de 1945.
5. Eisenhower deixou os russos entrarem em Berlim, Praga e Viena, quando as três cidades poderiam ter sido tomadas pelos americanos.[6]

No entanto, quando examinamos essa lista de acusações, aparentemente temível, vemos se esvair boa parte do seu poder:

1. Foi o próprio Montgomery quem deixou o Afrika Korps escapar após a derrota alemã na Batalha de El Alamein; a lentidão de sua perseguição deu tempo para os alemães defenderem Túnis. Embora a operação do general Alexander fosse diferente, parece que Montgomery estava tentando se isentar de um erro pelo qual ele próprio era mais culpado que os americanos.
2. A analogia com Stopford, comparando a Batalha de Anzio com a de Galípoli, foi válida e muito churchilliana, ao relacioná-la ao desastre na baía de Suvla, que claramente ainda o aborrecia quase quarenta anos depois. Mas

o general americano que comandava em Anzio, John P. Lucas, foi demitido pelo general Mark Clark, e Churchill errou ao afirmar que poderia ter sido uma operação britânica, pois o 5º Exército dos Estados Unidos já estava na costa oeste da Itália e o 8º Exército britânico a leste, além do que os americanos tinham o transporte e os homens disponíveis.

3. É verdade que a Operação Bigorna foi uma digressão desnecessária, mas Alexander acabou tomando Trieste. É altamente discutível se ele poderia ter repetido a campanha de Napoleão em 1797 e entrado em Viena (o que Napoleão nunca conseguiu fazer naquela campanha), e, de qualquer forma, os russos se retiraram de Viena no dia em que prometeram. Marshall poderia ser criticado por ter escolhido Mark Clark, cuja obsessão por tomar Roma antes do Dia D permitiu que os alemães escapassem da captura após o sucesso da Operação Diadema; mas não por se opor ao plano dos Bálcãs, que prometia ser apenas uma repetição do mesmo tipo de combate, especialmente em torno do chamado passo de Liubliana.
4. A principal crítica a Eisenhower no final de 1944 e em 1945 é que a estratégia de frente ampla que ele adotou para a invasão da Alemanha prolongou a guerra, porque deixou os Aliados com poucos lugares do tipo que os estrategistas militares chamam de pontos de apoio — um ponto único para o esforço principal decisivo. Isso significou que os escassos recursos disponíveis estavam dispersos por toda a área, em vez de concentrados em um só ponto propício para um avanço decisivo. A acusação que alguns fazem é que Eisenhower, sendo incapaz ou pouco disposto a escolher entre Montgomery, Pat-

ton e Bradley aquele que deveria comandar um ataque concentrado, não escolheu nenhum deles. No entanto, esse argumento também é injusto: a Operação Market Garden foi precisamente esse tipo de ataque, e fracassou em todos os aspectos. A única vez em que Eisenhower cedeu a Montgomery na opção entre a frente ampla ou o ataque concentrado acabou, portanto, em fiasco; por isso era compreensível que ele não estivesse disposto a tentar novamente esse tipo de ação, ou deixar que Patton o fizesse no sul. Ele também precisava evitar outro ataque surpresa alemão como o das Ardenas, mantendo a pressão por toda a linha de frente e não permitindo que se repetisse, em fevereiro ou março de 1945, o que acontecera em dezembro de 1944 e janeiro de 1945. Após a vitória duramente conquistada, mas inegável, na Batalha do Bolsão, nas Ardenas, em fevereiro de 1945 ainda ocorriam combates violentos entre os rios Ruhr e Reno. As péssimas condições climáticas impediram os aviões de decolar e inundaram os campos, e as informações sobre a natureza de uma possível resistência alemã dentro da própria Alemanha eram inconsistentes. "Eisenhower é o culpado pela estratégia de frente ampla que espalhou as linhas aliadas a ponto de ficarem tão fracas que os blindados alemães tiveram pouca dificuldade em rompê-las", escreve Jean Edward Smith numa biografia de Eisenhower em geral elogiosa, afirmando que ele não deveria ter deixado os alemães chegarem tão longe quanto chegaram antes de contra-atacar.[7] De fato, a ofensiva nas Ardenas foi um ataque surpresa de 39 divisões, realizado sob completo silêncio de rádio, através de um metro de neve, iluminado pela luz de holofotes refletida na espessa cobertura de nuvens que transformou a noite em dia e impediu que a superioridade aérea dos Aliados levasse vantagem. Nada poderia ter impedido a Wehrmacht de chegar até o rio Mosa; na verdade, foi necessária uma coragem espantosa em lugares como Bastogne para retardar o avanço alemão e impedir que chegassem ao canal da Mancha. Se Eisenhower tivesse adotado a estratégia alternativa de ataques focados e profundos a partir do Reno, as forças Aliadas teriam se dispersado ainda mais.

5. Simplesmente não é verdade dizer que Eisenhower "deixou" os russos ocuparem Berlim, Praga e Viena, pois essas três cidades já haviam sido destinadas a eles por comissões conjuntas de Aliados e russos, e decididas mesmo antes da cúpula de Ialta. Os russos tiveram mais de 80 mil baixas na tomada de Berlim — um número de mortos que os Aliados ocidentais preferiram não encarar —, e é um mito supor que os alemães teriam se rendido aos americanos se estes tivessem chegado lá primeiro. "Pessoalmente, e além de todas as implicações logísticas, táticas e estratégicas", escreveu Marshall a Eisenhower, em abril de 1945, "eu relutaria em arriscar vidas americanas em função de objetivos puramente políticos".[8] Como disse o vice-secretário militar de Churchill, sir Ian Jacob: "A ideia de Marshall era acabar com a guerra o mais rápido possível, trazer os rapazes para casa e deixar os políticos resolverem o resto". Foi uma reação compreensível.

O general George Patton poderia estar fazendo troça de Eisenhower ao dizer, com ciúme, que as iniciais "DD" (Dwight David) deviam significar "Destino Divino", pois ele recebeu suas repetidas promoções sem jamais ter comandado tropas no campo de batalha. No entanto, na Primeira Guerra, Eisenhower não teve a chance de enfrentar combate e, na Segunda, em 1942, precisou comandar os desembarques americanos no norte da África aquartelado em uma caverna em Gibraltar; logo, é a pura verdade dizer que a primeira vez que ele viu o disparo raivoso de um tiro foi quando matou um rato em seu quartel-general de Caserta, na Itália, em 1943. Mas a maioria das tropas da Operação Tocha também não havia estado em ação, e daí provém boa parte de sua insistência em que houvesse boa disciplina nelas. Como Supremo Comandante Aliado na Europa, Eisenhower tinha o controle geral de 4,5 milhões de soldados americanos e 1 milhão de outros soldados aliados em 91 divisões, 28 mil aeronaves, 970 mil veículos e 18 milhões de toneladas de suprimentos. Nesse nível de comando, fazer a guerra era muito mais do que ter estado em combate na juventude. Exigia, acima de tudo, uma enorme capacidade de delegar poder nos níveis subestratégico e tático, o que significa simplesmente, por justiça, que o comandante supremo não pode ser responsabilizado por cada revés.

Ao julgar os comentários maliciosos de Patton sobre seu comandante, é preciso levar em conta a declaração de Eisenhower sobre o famoso incidente em que Patton deu um tapa na cara de um soldado, o que "levantou sérias dúvidas quanto a seu futuro de comandante".[9] No entanto, Eisenhower não demitiu Patton, reconhecendo que generais do seu calibre eram escassos.

Mais difíceis de defender são as críticas de Atkinson a Eisenhower

> quando os alemães e italianos escaparam da Sicília pelo estreito de Messina, em agosto de 1943; ou quando [Eisenhower] aprovou um esquema delirante de lançar os paraquedistas da 82ª

> Divisão Aerotransportada sobre Roma, em setembro de 1943, sendo que o apoio substancial mais próximo de forças terrestres estava desembarcando em Salerno, a 360 quilômetros de distância; ou quando [...] vários erros do alto-comando deixaram parte da força alemã escapar do chamado bolsão de Falaise, na Normandia, em agosto de 1944; e quando não deu importância aos claros alertas sobre a relevância de capturar os possíveis acessos a Antuérpia pelo estuário do rio Schelde, além da própria cidade, de modo que quando as forças Aliadas capturaram intacto esse porto absolutamente vital, no início de setembro de 1944, os alemães mantiveram o bloqueio dos seus acessos e o porto ficou inútil durante quase três meses mais.[10]

Tal como a lista de Montgomery, isso mais parece um registro criminal; mas as manobras em que os alemães escaparam de apertos como no estreito de Messina e no bolsão de Falaise foram mostras da contínua e rígida disciplina e do profissionalismo da Wehrmacht em situações de retirada, e não de uma falha do senso estratégico de Eisenhower; e além disso os Aliados precisavam estar sempre prontos a se defender da capacidade alemã de contra-atacar. No final, a 82ª Divisão Aerotransportada não foi lançada sobre Roma, quando informações de última hora fizeram parecer que as negociações em curso entre o general Maxwell Taylor e o marechal Pietro Badoglio poderiam ser uma armadilha do Eixo. (Não eram.)

Em vez disso, essa divisão foi reservada para a Operação Overlord. Um mês antes do Dia D, o comandante em chefe da Força Aérea, sir Trafford Leigh-Mallory, alertou Eisenhower que a 82ª estava se arriscando a um desastre nos locais onde se pretendia aterrissar os planadores, zonas perigosas para pouso, contra posições alemãs reforçadas, quilômetros atrás das linhas inimigas na península de Cotentin. Embora não discordasse das previsões de Leigh-Mallory, Eisenhower não quis mudar o plano e respondeu: "Um forte ataque aerotransportado na região indicada é essencial para o sucesso de toda a operação, e deve continuar".[11] Era mesmo; a operação foi lançada e atrapalhou seriamente a tentativa alemã de reforçar a península, a um custo de baixas elevado, mas não inaceitável.

A culpa pelo atraso em liberar a rota vital de suprimentos para Antuérpia ao longo do rio Schelde pode, de fato, ser atribuída a Eisenhower. A quantidade de combustível consumida para levar munição, armas, tropas, suprimentos e equipamentos para os campos de batalha do noroeste da França, e depois para a Alemanha, a partir dos portos flutuantes Mulberry, em Cherbourg, teria sido reduzida pela metade se esses suprimentos fossem encaminhados diretamente pelo canal da Mancha e ao longo do estuário do Schelde até a Antuérpia. No entanto, contra isso havia a forte resistência dos alemães na área; eles conheciam, tão bem quanto Eisenhower, a importância estratégica da Antuérpia, e a foz do Schelde fica a oitenta quilômetros de distância dessa cidade.

Em defesa de Eisenhower, deve-se lembrar que o que ele estava tentando fazer nunca fora tentado antes na história. A integração da estrutura de comando dos Aliados, por si só, foi algo sem precedentes. Na Primeira Guerra, o planejamento e a execução eram deixados a cargo de cada exército e em cada setor; assim, o comando integrado foi uma maneira revolucionária de campanha. Como disse Churchill em suas memórias de guerra: "Jamais o princípio de uma aliança entre raças nobres foi realizado e mantido em tão alto nível".[12] O conselho que Eisenhower deu ao almirante lorde Louis Mountbatten quando este assumiu o cargo de Supremo Comandante Aliado do Comando do Sudeste Asiático ilustra perfeitamente esse desafio. "Nunca permita que qualquer problema seja discutido na sua equipe com base em interesses nacionais", ordenou Eisenhower.

> Um comandante em chefe aliado deve ser o mais discreto possível, rápido em dar crédito aos outros, ser conciliador, aceitar conselhos e estar disposto a descentralizar. [...] Ele é, em um sentido muito bem definido, uma espécie de presidente do conselho, com responsabilidades executivas bem definidas. O que estou querendo dizer é que, embora a estrutura possa ser algo artificial e nem sempre tão clara quanto gostaríamos, a personalidade e o bom senso do comandante devem fazê-la funcionar.[13]

Eisenhower era talentoso para designar responsáveis, e nisso foi enormemente auxiliado por um homem que foi uma de suas melhores escolhas, Walter Bedell Smith, um dos maiores chefes de Estado-Maior da história americana. Embora Eisenhower soubesse delegar poder — um pré-requisito vital para o cargo —, tinha o cuidado de nunca ceder o controle final. Uma de suas poucas ameaças de pedir demissão ocorreu dois meses antes do Dia D, devido a uma tentativa britânica de redirecionar as atividades da força de bombardeiros que estava "amolecendo" alvos na Normandia e em Pas-de-Calais. Ele fez algumas ameaças de demissão em seu diário — que não têm valor, tal como:

> Estou cansado de lidar com um bando de prima-donas. Pelo amor de Deus, dá vontade de dizer a essa gente que, se eles não conseguirem se reunir e parar de brigar feito crianças, vou pedir ao primeiro-ministro que chame outra pessoa para dirigir essa maldita guerra.[14]

George Patton disse uma vez: "Que Deus nos livre dos nossos amigos. Com os inimigos podemos lidar"; e os comandantes aliados de alto escalão eram, de fato, prima-donas, o próprio Patton disputando com Montgomery quem era o pior de todos.[15] Bradley tinha "total desdém" por Montgomery e desprezo por Patton, o qual, por sua vez ficou "enojado" quando Montgomery foi promovido a marechal de campo. Por seu lado, Montgomery desprezava tanto Patton como Bradley. Apesar das provocações constantes e extremas, Eisenhower de algum jeito conseguiu manter essa equipe coesa até o Dia da Vitória na Europa. Além disso, em um Exército em que George Patton, Omar Bradley, Mark Clark, Albert Wedemeyer e Orlando Ward detestavam os britânicos, Eisenhower realmente gostava deles. Compreende-se por que britânicos como Montgomery e Brooke podem não agradar a todos, mas é necessário que a pessoa no topo do comando se entenda bem com seus anfitriões. Isso irritava imensamente os americanos; Patton até zombou: "Esse Ike é o melhor general que os ingleses têm".[16]

As críticas da imprensa britânica no sentido de que ele era um comandante demasiado cauteloso não alarmavam Eisenhower, mas o deixavam cansado e levemente irritado. "Estou farto de ser considerado tímido, quando tive que fazer coisas tão arriscadas que são quase loucas", escreveu em 7 de fevereiro de 1944, provavelmente pensando nos ataques a Salerno e Pantelária.[17] No início de 1944, ele se queixava em seu diário: "Eles não gostam de pensar que tive algo a ver com essas campanhas. Eles não usam as palavras 'iniciativa' e 'ousadia' ao falar de mim, mas costumam usá-las ao falar de Montgomery".[18] E em seguida simplesmente escreveu: "Bem, e daí?".

É necessário ter couro de paquiderme para ser um grande comandante, e Eisenhower decerto tinha. Mantinha-se exteriormente calmo em todas as crises, algo que aprendeu em seu período nas Filipinas, no fim dos anos 1930, que definiu como "aprendizado de arte dramática com Douglas MacArthur". Embora Eisenhower não tenha gostado pessoalmente de MacArthur enquanto servia sob seu comando, aprendeu a se comportar como um grande homem e, nas palavras Churchill, a "não se deixar cair abaixo do nível dos acontecimentos".

No entanto, o segredo do sucesso de Eisenhower pode ser resumido em duas palavras: "George Marshall", de quem era protegido. Estando há dezoito anos na patente de major quando Marshall o descobriu, Eisenhower subiu então de tenente-coronel a general de cinco estrelas em apenas 42 meses, uma média de seis meses entre uma promoção e outra. Normalmente, antes da guerra os oficiais do Exército também podiam ter uma rápida ascensão: em 1939, havia apenas 15 mil oficiais no Exército americano; em 1944, havia 1300 generais. Mas nem tudo foi tão fácil para Eisenhower. Em janeiro de 1943, um mês antes da derrota no passo de Kasserine, a relativa falta de progresso no norte da África após o desembarque da Operação Tocha, inicialmente bem-sucedida, levou seu assessor, Harry Butcher, a escrever: "Ele está com a corda no pescoço, e sabe disso". Patton escreveu em seu diário que Eisenhower "acha que sua corda está prestes a ser cortada". Logo depois, Eisenhower escreveu a seu filho John: "Isso não vai partir meu coração e não deve te causar nenhuma angústia. [...] A guerra moderna é um negócio muito complicado e os governos são forçados a tratar os indivíduos como peões num jogo de xadrez".[19] Mesmo assim, durante esses momentos George Marshall apoiou Eisenhower e acreditou nele.

Apesar disso, Eisenhower sabia ser descartável se não tivesse um bom desempenho. Depois de demitir seu amigo general Lloyd Fredendall, do 2º Corpo do Exército, quando este foi derrotado por Rommel na Tunísia, Eisenhower escreveu ao substituto, George Patton: "Esse assunto muitas vezes exige mais coragem do que qualquer outra coisa que você terá que fazer, mas espero que mantenha perfeito sangue-frio a respeito".[20] Se ele nem sempre podia demitir um general, às vezes podia condená-lo sutilmente por meio de elogios fracos. Quando, no início de 1945, Marshall pediu a Eisenhower para listar, em ordem de valor, todos os generais de alta patente no teatro de operações europeu, ele classificou o tenente-general Jacob L. Devers, comandante do 6º Grupo do Exército, em 24º lugar.

Eisenhower tinha muito bom senso e muita inteligência emocional, o que não era o caso com um número surpreendente de comandantes de alta patente. Montgomery menosprezou a contribuição americana na Batalha das Ardenas em uma coletiva de imprensa; Patton deu tapas em dois soldados que estavam sofrendo de trauma de guerra, e ficou, basicamente, desequilibrado no final da guerra; MacArthur não tinha noção de como os outros o viam; Mountbatten tentou demitir William Slim, o melhor e mais amado general do Exército britânico. Eisenhower, por outro lado, mostrava ter um discernimento perfeitamente maduro após uma série de campanhas exaustivas. O historiador Correlli Barnett observou:

> É impossível ler sua correspondência sem se impressionar com o bom senso, a energia e a ampla capacidade que ele aplicava a problemas extremamente variáveis, desde a alta política dos Aliados até as relações interaliadas; desde a disciplina militar, o treinamento e a tática até a logística, especialmente os transportes disponíveis por vias terrestres e aéreas.[21]

Eisenhower era um tomador de decisões. Foi ele quem assinou todas as principais decisões de planejamento da Operação Overlord — a qual foi, sem dúvida, a maior e mais complicada invasão anfíbia multinacional, realizada pelas três armas, de toda a história das guerras. Mas, apesar da pressão por ter dezenas de milhares de vidas em jogo, dependendo de suas decisões, ele se mantinha calmo. "O senso de humor e uma grande fé, ou então uma total falta de imaginação", disse ele brincando, "são essenciais para a sanidade."[22] Ele tinha imaginação suficiente para pensar o impensável e para escrever um comunicado que, caso a invasão no Dia D não desse certo, diria: "As tropas de terra, do ar e do mar fizeram tudo que a bravura e a devoção ao dever podem demonstrar. Se a culpa pela tentativa cabe a alguém, cabe apenas a mim". Em 1932, Douglas MacArthur, em sua avaliação de Eisenhower, escreveu que ele "se distinguia pela força, o discernimento e a disposição para aceitar a responsabilidade", e essas virtudes nunca foram tão verdadeiras quanto no rascunho desse comunicado, que acabou ficando no bolso.

Depois que a data prevista para o Dia D, 5 de junho, teve que ser adiada de véspera, Eisenhower precisou tomar a decisão, no dia 5, de iniciar a invasão já no dia seguinte, 6 de junho, dia vital em que, com base nas projeções de um meteorologista britânico, o capitão James Stagg, o tempo estaria bom, com previsão de piorar depois. A janela de oportunidade era apertada, e a conclusão de Stagg não teve o apoio unânime de toda a equipe meteorológica. "Essa é uma decisão que só eu posso tomar", disse Eisenhower à sua equipe. "Afinal, é para isso que estou aqui. Vamos zarpar amanhã."[23] Na época, ele estava fumando quatro maços de cigarro por dia, e em julho sua pressão arterial foi de 176/110 — indicando alto risco, hipertensão em estágio dois. Contudo, suas habilidades de liderança tais eram que nenhum dos militares sob seu comando parece ter percebido.

Após as batalhas de Caen e do bolsão de Falaise, veio o grande debate entre a estratégia de frente ampla *versus* a de ataque concentrado em cunha, preparando a etapa seguinte da campanha, o avanço para a Alemanha. Em suma, Montgomery queria usar as reservas logísticas e parte do 12º Grupo do Exército de Bradley para se unir ao seu 21º Grupo, a fim de enviar uma força de quarenta divisões ao norte das Ardenas. Assim esperava capturar a região do rio Ruhr em um avanço concentrado e rápido, que privaria a Alemanha de boa parte de sua base industrial. No entanto, havia três grandes rios na Holanda — o Reno, o Mosa e o Waal — que não haviam sido cruzados, e todo o resto da frente precisaria parar se Montgomery fizesse prevalecer seu plano. Além disso, no final de setembro a contínua resistência alemã ao longo da Muralha do Atlântico significava que apenas os portos de Cherbourg e Antuérpia estavam em mãos dos Aliados. Este último não podia ser utilizado devido à contínua presença alemã no estuário do rio Schelde, e apenas um porto flutuante Mulberry estava operacional, depois que uma tempestade danificara o outro, logo após o Dia D.

Portanto, qualquer ataque concentrado em cunha correria o risco de ficar exposto a contra-ataques de flanco, ou mesmo de ser completamente cortado e cercado; os alemães já haviam mostrado nas Ardenas, em dezembro de 1944, que ainda tinham muita garra para lutar. Eisenhower até suspeitava, como disse a Marshall, que Montgomery estava fazendo essa proposta apenas "com base em ilusões" e para obter o máximo possível de recursos. O medo de que Patton tentaria fazer a mesma manobra mais ao sul também pode ter motivado Montgomery. No entanto, apesar de Eisenhower ter uma visão clara dos motivos de Montgomery, autorizou sua desastrosa Operação Market Garden, que destruiu a 1ª Divisão Aerotransportada britânica em Arnhem, no final de setembro, em uma versão em menor escala do que poderia ter acontecido com o ataque em cunha proposto por Montgomery no Ruhr.

No final de 1944, numa reunião de cúpula com Churchill e os comandantes britânicos, incluindo Brooke, Eisenhower explicou a lógica de sua estratégia de frente ampla, em contraste com a defendida por Montgomery. Brooke usou então a mesma frase que havia usado dois anos antes, na Conferência de Casablanca: "Discordo categoricamente"; mas desta vez Eisenhower reunira todos os seus dados e venceu Brooke na argumentação, para satisfação de todos, exceto do próprio Brooke (e de seu diário, sempre interessante, mas muitas vezes venenoso).

A estratégia da frente ampla foi por fim justificada no fim de março de 1945, quando toda a resistência alemã a oeste do Reno havia sido pulverizada. No dia 8 Eisenhower confirmou que o 21º Grupo do Exército deveria atravessar o Reno em Wesel, em 24 de março, e que o 6º Grupo do Exército de Jacob Devers deveria iniciar operações na região do rio Saar, firmando, assim, cabeças de ponte no Reno no setor de Mainz-Mannheim. Isso exigiu que o general americano Alexander Patch rompesse a Linha Siegfried e participasse de um enorme movimento de pinça, com o 3º Exército de Patton atacando em direção ao Reno perto de Koblenz, conseguindo cercar o 7º Exército Alemão e fazer 107 mil prisioneiros. A estratégia de Eisenhower resultou na captura de 280 mil prisioneiros alemães. Com o 12º Grupo do Exército de Bradley avançando para Frankfurt e a indústria alemã efetivamente incapaz de produzir mais armamentos para o Reich, era apenas questão de tempo até a Alemanha se render.

No final de março, ocorreu a última grande desavença estratégica entre ingleses e americanos, quando Eisenhower quis concordar com Stálin sobre uma linha a partir de Erfurt, passando por Leipzig até Dresden, para unir as forças anglo-americanas ao Exército Vermelho. Churchill e Montgomery queriam aproveitar o colapso alemão no oeste para atravessar o rio Elba e avançar o máximo possível para o leste, talvez chegando a entrar em Berlim antes dos russos. Churchill desejava isso por razões políticas; os russos estavam prestes a tomar Viena, e se também entrassem em Berlim, argumentou ele a Roosevelt, em 1º de abril, "isso os levaria a um clima que suscitará graves e temíveis dificuldades no futuro".[24]

Naquela altura, as forças do Exército Vermelho estavam a setenta quilômetros de Berlim, enquanto as de Eisenhower estavam a quatrocentos quilômetros. Uma corrida para Berlim seria extraordinariamente cara e, a menos que as potências ocidentais estivessem dispostas a enfrentar o Exército Vermelho e romper os acordos de demarcação já negociados — o que era politicamente impensável na época —, essa corrida, em última análise, seria inútil.

Eisenhower nem sempre fez a leitura correta das situações, há que se admitir. Ao deixar o teatro de operações do Mediterrâneo para comandar a invasão da França, disse a repórteres que Hitler "vai dar essa frente sul por perdida, e não creio que a defenderá por muito tempo".[25] É claro que os generais precisavam ser otimistas ao falar com jornalistas; porém muito mais revelador é o que ele disse ao seu diário, em 5 de setembro de 1944: "A derrota dos exércitos alemães está completa" — mais de oito meses antes que isso realmente acontecesse, oito meses terrivelmente sangrentos.[26] No entanto, no cômputo geral, ele acertou na compreensão das coisas mais importantes, mais do que qualquer outra pessoa, e era disso que os Aliados precisavam em um comandante supremo.

Roosevelt escolheu Eisenhower como comandante supremo em janeiro de 1944 porque ele era um líder natural e também uma pessoa com um instinto político excepcional. Um general também precisa ser estadista e, em tempos de guerra, um político tem que ser estrategista, pois não há uma divisão clara entre política e estratégia na guerra moderna, como também não havia na Antiguidade, quando o cargo de *strategos*, ou general, na Atenas do século v a.C., implicava liderança política, assim como naval ou militar. Eisenhower foi ideal em ambos os papéis, como mostra também a sua bem-sucedida presidência. Como vimos com Napoleão, Churchill e outros, as qualidades necessárias para um militar de sucesso são complementares às de um político de sucesso, e elas também se reuniram em Dwight Eisenhower.

Na primavera de 1944, Eisenhower escreveu para a esposa, Mamie — essas eram as únicas cartas que ele não ditava —, conjecturando: "Quantos jovens se foram para sempre? Um homem precisa desenvolver um verniz de insensibilidade que lhe permita considerar essas coisas desapaixonadamente".[27] Mas era apenas um verniz. Eisenhower era um homem fundamentalmente decente. Em 1926, quinze anos antes da Segunda Guerra Mundial, ele se formara na Escola de Comando e Estado-Maior em Fort Leavenworth, no Kansas, primeiro da turma entre 245 candidatos — uma conquista que daria a qualquer pessoa um sentimento de superioridade, mas Eisenhower nunca deixou isso transparecer. Sofreu vários contratempos na vida, muitas vezes pensando que estava servindo em postos de menor importância; mas nunca permitiu que tais situações o deixassem amargurado. Considerando que não entrou em combate em nenhuma das duas guerras mundiais, terminar como o mais alto oficial das forças Aliadas foi uma realização verdadeiramente notável.

Gravadas em seu túmulo, em Abilene, no Kansas — a apenas trinta quilômetros do centro geográfico dos Estados Unidos —, estão as palavras que ele disse no Guildhall de Londres, um mês após o Dia da Vitória na Europa: "A humildade deve ser sempre o destino de qualquer homem que receba elogios que foram ganhos com o sangue de seus comandados e os sacrifícios de seus amigos". São palavras nobres que nenhum militar ou estadista deve esquecer.

Depois que o general Alfred Jodl assinou a rendição incondicional, no quartel-general de Eisenhower em Reims, Ike escreveu um relato com admirável humildade, precisão e certa concisão para os chefes do Estado-Maior conjunto: "A missão desta força Aliada foi cumprida às 2h41, horário local, em 7 de maio de 1945". Marshall respondeu: "O senhor comandou com grande sucesso a força militar mais poderosa jamais reunida. O senhor fez história, grandiosa história para o bem de toda a humanidade, e defendeu tudo o que esperamos e admiramos em um oficial do Exército dos Estados Unidos".[28] Apesar das críticas ocasionalmente justificadas de alguns historiadores modernos e, em muito menor grau, os ataques de seus contemporâneos e rivais, não há uma palavra no elogio de Marshall que precisasse ser modificada hoje, mais de setenta anos após ter sido escrita. Essa declaração merece ser o veredito histórico definitivo sobre Dwight D. Eisenhower.

9.
Margaret Thatcher
1925-2013

O HERÓI SUPREMO DE MARGARET THATCHER foi Churchill — assim como um dos heróis de Churchill fora Napoleão. Ela tinha catorze anos naquele *annus mirabilis* de 1940, quando se sentava ao lado do rádio em seu quarto, um andar acima da mercearia do pai, para ouvir os discursos de Churchill durante a Blitz e a Batalha da Inglaterra. Esses anos até o início da adolescência são muito importantes na formação política de um estadista — na verdade, muito mais importantes do que o final da adolescência, o período preferido dos biógrafos. Pois é nessa idade que os eventos internacionais começam a se marcar na consciência de um jovem e as lições são aprendidas, seja consciente ou inconscientemente. Napoleão tinha catorze anos quando os Estados Unidos venceram sua Guerra de Independência contra a Grã-Bretanha; Churchill tinha doze anos quando a rainha Vitória celebrou seu Jubileu de Ouro; e as primeiras lembranças de Charles de Gaulle em relação à política foram as violentas diatribes do pai contra os ingleses devido à crise de Fachoda, no Alto Nilo.

Da mesma forma, Margaret Thatcher tinha doze anos quando seus pais, Alfred e Beatrice Roberts, acolheram em casa uma moça judia alemã, em 1938, pouco antes da Noite dos Cristais; assim, a jovem Margaret nunca teve ilusões sobre a verdadeira natureza do fascismo. Alderman Roberts, um vereador, era um pregador metodista leigo que acreditava ser dever de sua comunidade ajudar com ações práticas os perseguidos de outras terras, de qualquer raça ou religião, e é quase certo que tenha salvado a vida daquela jovem judia refugiada dos nazistas ao acolhê-la. A moça decerto pensava assim, e continuou profundamente agradecida à família Thatcher pelo resto de seus dias. O episódio ensinou a Margaret a superioridade de agir de forma prática decisiva, em vez de simplesmente torcer as mãos de nervosismo ou pregar uma moralização insípida, como muitos políticos partidários do apaziguamento do inimigo já fizeram — na década de 1930 e até hoje. Críticos e céticos que afirmam que a atitude filossemita de Thatcher provinha de motivos políticos — pois, como membro do Parlamento, ela representava o distrito eleitoral de Finchley North, com grande população judaica — ignoram essa influência que foi fundamental na sua formação.

Margaret Thatcher tinha apenas 24 anos em fevereiro de 1950, quando disputou bravamente o eleitorado de Dartford, em Kent, pelo Partido Conservador, iniciativa que lhe deu muita exposição na mídia. "Ela fez campanha com energia e determinação", registra um biógrafo, e reduziu a maioria Trabalhista naquele condado de 19 714 para 13 638. Embora só tenha conseguido ser eleita para o Parlamento em 1959, seu caminho estava definido. Contudo, foi só no início dos anos 1970 que encontrou sua verdadeira causa — a economia de livre mercado e o patriotismo agressivo que a caracterizaram durante mais de onze anos como primeira-ministra, a partir de maio de 1979.

Em abril de 1982, a junta fascista que governava a Argentina — incluindo vários oficiais responsáveis pelo desaparecimento e assassinato de dezenas de milhares de argentinos nos anos 1970 — não levou em conta a força de caráter de sua adversária ao invadir, de repente e sem nenhum aviso prévio, as ilhas Falkland, no Atlântico Sul. Nenhum primeiro-ministro havia levado o Reino Unido à guerra desde a desastrosa aventura de Anthony Eden em Suez, mais de um quarto de século antes.

Enquanto qualquer primeiro-ministro britânico desde Churchill provavelmente tentaria fazer um acordo com os argentinos, Margaret Thatcher teve a coragem de ver o conflito em termos nítidos, em preto e branco, como uma questão de dever e de honra nacional em que não havia espaço para conciliação. (Quando, em dezembro do ano anterior, o Ministério das Relações Exteriores sugeriu que ela cumprimentasse a junta argentina pela posse, ela respondeu que um primeiro-ministro britânico não envia mensagens "por ocasião de golpes militares".)[1] E mostrou-se totalmente imune à política chamada de "aceitação preventiva", que fora a posição padrão dos sucessivos governos britânicos desde a humilhação em Suez.

Nem todos viam a questão das Falklands em termos rígidos, quase maniqueístas, como Thatcher. Nessas ilhas do Atlântico Sul varridas pelas chuvas havia apenas 1800 habitantes, que levavam uma vida dura, sobretudo agrícola. De fato, o grande escritor argentino Jorge Luis Borges, numa frase famosa, comparou o conflito a "dois carecas brigando por causa de um pente".[2] Isso seria verdade, não fosse o fato de haver também em jogo uma profunda questão de princípio: um território britânico fora invadido e a liberdade de cidadãos britânicos fora violada. Se o Reino Unido quisesse conservar sua honra e seu prestígio no mundo, isso não poderia ser permitido.

Pois as ilhas Falkland eram colônia britânica desde 1765; muitas famílias que ali residiam podiam traçar sua ascendência britânica por quase nove gerações. Em 1960, a ONU declarara que a autodeterminação dos habitantes das ilhas era primordial, e seus desejos ficaram claros em vários plebiscitos, nos quais 99,8% votaram por permanecer britânicos.

No entanto, ainda hoje há gente que acredita que as Falklands deveriam pertencer à Argentina, independentemente do desejo de seus habitantes. Em 2012, o ator Sean Penn escreveu um artigo no jornal *The Guardian* exigindo que o Reino Unido renunciasse à soberania sobre as ilhas.[3] Muitos leitores do *Guardian* provavelmente apoiavam a sugestão, e em 1982 havia pessoas nos órgãos de decisão do Estado britânico que estavam dispostas a ignorar o desejo unânime e repetido dos ilhéus de continuarem súditos britânicos. Um estudo do conflito, de autoria de Max Hastings e Simon Jenkins, observa que "aos olhos do Ministério das Relações Exteriores e da Commonwealth, eles não poderiam pesar expressivamente contra a política britânica para a América do Sul, um continente de 240 milhões de pessoas".[4] Como as ilhas ficam a mais de 13 mil quilômetros do Reino Unido, mas a apenas 650 quilômetros da Argentina — que as chama de Malvinas —, o Ministério das Relações Exteriores britânico estava preparado para considerar ceder a soberania sobre elas com um tipo de contrato de *leasing*, para salvaguardar a popularidade do Reino Unido na América Latina. Mas eles não contavam com uma primeira-ministra que tinha entre suas conhecidas declarações a seguinte: "Se alguém quiser apenas ser amado, teria que estar preparado para ceder qualquer coisa, a qualquer momento, não é mesmo? E não conseguiria nada!".[5]

Em certo sentido, Margaret Thatcher foi parcialmente responsável pela decisão do general Leopoldo Galtieri, chefe da junta militar argentina, de invadir as Falklands. Os cortes no orçamento haviam levado o Ministério da Defesa a retirar da área o navio de patrulha quebra-gelo HMS *Endurance* (que fora comprado da Dinamarca em 1967) no final de sua missão de 1981-2, resultando em uma economia anual de mais de 2,5 milhões de dólares. Margaret Thatcher havia apoiado o Ministério da Defesa na decisão. Acredita-se que a junta argentina viu a retirada do *Endurance* como uma indicação de que os britânicos estavam se desobrigando dos compromissos internacionais com suas colônias. O custo da Guerra das Malvinas chegou a mais de 7 bilhões de dólares — poucas vezes foi demonstrada mais claramente a verdade de que os gastos relativamente altos com a defesa representam uma boa relação custo/benefício, pois o combate é sempre muito mais caro do que a dissuasão.

A decisão final da junta de invadir as ilhas na sexta-feira 2 de abril de 1982 foi tomada apenas dois dias antes, mas o Serviço Secreto de Inteligência britânico (SIS, também conhecido como MI6) conseguiu alertar Thatcher e o secretário de Relações Exteriores, lorde Carrington, no domingo, 28 de março, de que os movimentos de navios e equipamentos na Argentina e o cancelamento das férias de Páscoa do pessoal diplomático e da Marinha indicavam que a junta poderia estar planejando invadir. Ao partirem para uma reunião da União Europeia em Bruxelas, Thatcher e Carrington discutiram o alerta do SIS; no entanto, a Comissão Conjunta de Inteligência concluiu que não havia uma invasão iminente. Esses órgãos, de comum acordo, decidiram enviar três submarinos nucleares para o Atlântico Sul, incluindo o HMS *Conqueror*. Embora os submarinos alcançassem uma velocidade média impressionante de 23 nós, o primeiro só conseguiu chegar ao largo de Stanley, a capital das Falklands, em 12 de abril e, portanto, não tiveram a oportunidade de afetar os acontecimentos a curto prazo.

Em 31 de março, as informações de inteligência mostraram ao SIS que uma frota argentina havia zarpado e se deveria esperar um ataque nas 48 horas seguintes. Em uma reunião de quatro horas no gabinete de Thatcher, na Câmara dos Comuns, às dezenove horas — que incluiu o subsecretário permanente do Ministério da Defesa, sir Frank Cooper, convocado a deixar um jantar para comparecer —, eles analisaram os relatórios e a opinião da Comissão Conjunta de Inteligência de que a invasão ainda não era uma certeza. O embaixador britânico em Washington, sir Nicolas Henderson, levou os relatórios de inteligência ao secretário de Estado do presidente Ronald Reagan, Alexander Haig, que perguntou a seu oficial de ligação da CIA: "Por que não fui informado disso?". Às 21 horas, Thatcher telegrafou para Reagan pedindo que ele advertisse Galtieri para não penetrar em território soberano britânico, mas Galtieri se recusou a atender a ligação de Reagan.

A maioria dos sete homens na sala da primeira-ministra na Câmara dos Comuns aconselhou cautela. Costuma-se evitar as generalizações baseadas no sexo do indivíduo, mas para um historiador é difícil não simpatizar, pelo menos em parte, com a força do poema de Rudyard Kipling que diz: "A fêmea da espécie é mais letal do que o macho" — por acaso, um dos poemas favoritos de Thatcher. Boudica, Elizabeth I, Catarina de Médici, Catarina, a Grande, Maria Teresa, Golda Meir, Indira Gandhi, Margaret Thatcher: o testemunho da história é virtualmente unânime ao julgar a disposição das mulheres em posição de comando para lutar, uma vez que tenham decidido que a causa é justa e/ou necessária.

Na reunião na sala da primeira-ministra, os representantes do Ministério das Relações Exteriores disseram que Thatcher não deveria ter uma atitude provocativa, para não dar um pretexto aos argentinos. O secretário de Estado da Defesa, sir

John Nott, citou todas as dificuldades logísticas de se realizar uma operação a 13 mil quilômetros da base. Ele lembrou que, uma vez que uma força-tarefa tivesse zarpado, seria politicamente muito difícil chamá-la de volta. A ação teria que monopolizar quase todas as forças navais do Reino Unido, custaria uma fortuna ao país (que estava em uma recessão severa), seria impopular internacionalmente, poderia prejudicar as relações com os Estados Unidos (cuja embaixadora na ONU, Jeane Kirkpatrick, era sabidamente favorável aos argentinos); além disso, havia o perigo de sofrer uma derrota nas mãos da grande frota de superfície argentina, com seus quatro submarinos, suas Forças Armadas entrincheiradas nas ilhas e seus duzentos modernos aviões de combate, tripulados por pilotos corajosos e bem treinados.

Naquela reunião crucial, apenas Thatcher foi instintivamente contrária a essa abordagem cautelosa. Mas então chegaram reforços, na pessoa do almirante da frota, sir Henry Leach, o primeiro lorde do almirantado e chefe do pessoal da Marinha, que já foi chamado de "almirante dos almirantes",[6] com seu estilo contundente, sucinto e pragmático. A Marinha Real tem uma longa tradição de almirantes que falam sem rodeios. Pode-se citar o conde de St. Vincent, com sua famosa tirada durante as Guerras Napoleônicas: "Eu não digo que os franceses não podem vir; digo apenas que *eles não podem vir por mar*".[7] Ou o almirante lorde Cunningham, que, quando lhe disseram, na Segunda Guerra Mundial, que seria muito caro evacuar o Exército britânico de Creta, respondeu: "A Marinha leva três anos para construir um navio. Levará trezentos anos para construir uma nova tradição. A evacuação continuará".[8]

O almirante Leach havia chegado de helicóptero de Portsmouth, onde estava num compromisso oficial; assim, trajava seu uniforme de gala de almirante, o que lhe conferia ainda mais autoridade naquela sala cheia de civis. Sua chegada mudou completamente o clima da reunião, favorecendo Thatcher. Ela perguntou se ele poderia mobilizar uma força-tarefa para libertar as Falklands caso elas fossem invadidas. Leach respondeu que sim, e que isso se daria no fim de semana (a reunião ocorria numa quarta-feira à noite). Acrescentou, ainda, que a Marinha não só podia como também deveria reagir a uma invasão. Quando Thatcher perguntou o que ele faria se fosse o almirante argentino, Leach respondeu: "Voltaria imediatamente à minha base".[9] Thatcher aproveitou essa posição com o vigor característico que empregava sempre que via uma abertura política. A frota da Marinha Real foi colocada em alerta imediato. Mais tarde, um alto funcionário do Ministério da Defesa disse, brincando: "Cada um dos comandantes de Leach teria sido fuzilado se esses navios não estivessem prontos para zarpar no fim de semana. Leach sabia que o que estava em jogo não eram apenas as ilhas Falkland". O que estava em jogo era também a reputação da Marinha Real, a sobrevivência do ministério de Thatcher e, em um nível muito mais profundo, a honra do país. Isso foi instintivamente captado por Margaret Thatcher, que, sem a aprovação do Parlamento, e nem de seu próprio gabinete, ordenou a Leach naquela noite: "É preciso preparar a força-tarefa".[10] E, de fato, ela zarpou naquele domingo, 4 de abril. Enquanto isso, o presidente Reagan falou com Galtieri durante uma hora, insistindo em lhe comunicar a determinação de Thatcher de resistir a qualquer invasão. Reagan ofereceu seu vice-presidente, George Bush (pai), como mediador, mas a iniciativa foi recusada.

Não havia quase nenhum planejamento de emergência da Marinha Real para uma campanha como a de recuperar as Falklands, algo que figurava no fim da lista de prováveis conflitos da Guerra Fria. Talvez por isso não tenha havido um ultimato ou qualquer mensagem direta do Reino Unido à Argentina antes da invasão. Ao amanhecer da sexta-feira, 2 de abril, os argentinos desembarcaram nas ilhas e prenderam a população da capital e de outras localidades. Na véspera, o governador da ilha, Rex Hunt, havia convocado dois oficiais britânicos — os dois majores que comandavam oitenta fuzileiros navais —, dizendo a eles: "Parece que aqueles desgraçados estão falando sério".[11] Os fuzileiros navais foram dominados por forças cem vezes superiores em número e, embora tenha havido alguns tiros, Hunt lhes ordenou que se rendessem. No Reino Unido, essa rendição foi vista como uma humilhação, mas não havia alternativa militar prática, pois a geografia das ilhas não oferecia cobertura a ações de guerrilha.

O gabinete britânico entrou imediatamente em sessão de emergência; de fato, uma sessão quase contínua. Thatcher agora precisava do apoio total do gabinete — um apoio que lhe fora negado em muitas outras questões nos três anos anteriores. Assim, a fim de identificar e poder neutralizar a dissidência, ela contornou a mesa do gabinete pedindo a opinião de cada ministro, um por um, em vez de permitir que os mais fortes apresentassem uma posição coletiva. Eles disseram que não se deveria enviar a força-tarefa se fosse apenas para dar meia-volta em pleno oceano. Nenhum ministro do gabinete imaginou que o resultado seria a guerra. Todos presumiram que a crise seria tratada de maneira diplomática via Washington, ou que os argentinos recuariam unilateralmente. Como disse o vice-primeiro-ministro Willie Whitelaw, se a frota recebesse ordens de parar depois de zarpar, mas sem acordo, o governo teria que renunciar devido a essa humilhação nacional. Thatcher obteve o apoio do gabinete com a premissa de que, uma vez que partisse, a força-tarefa expulsaria os argentinos das Falklands, quer pela força ou pela ameaça de usá-la.

O Parlamento não se reunira em um sábado desde a crise de Suez, mas foi convocado para o sábado, 3 de abril, quando Thatcher anunciou que "uma grande força-tarefa deverá zarpar assim que os preparativos estiverem prontos" e que o objetivo de seu governo era "devolver as ilhas à administração britânica".[12] Durante esse debate, Enoch Powell, membro do Parlamento pelo Ulster Unionist, se referiu ao apelido de "Dama de Ferro", de autoria dos russos, e disse que, nas semanas seguintes, a própria Thatcher, a Câmara dos Comuns e o resto do mundo "iriam perceber de que tenacidade ela é feita".

Na segunda-feira, 5 de abril, Carrington e outros dois secretários do Ministério das Relações Exteriores e da Commonwealth, Humphrey Atkins e Richard Luce, renunciaram, sob o princípio da responsabilidade coletiva, apesar de nenhum dos dois ter sido responsável pela política com a Argentina nem pela retirada do *Endurance* da área de conflito. Thatcher nomeou, no lugar de Carrington, Francis Pym, membro do Partido Conservador mas detentor de posições liberais, e quase instantaneamente se arrependeu. Ela também montou um pequeno gabinete de guerra composto por ela mesma, Whitelaw, Pym, John Nott e Cecil Parkinson, presidente do Partido Conservador. Parkinson daria a ela uma maioria de 3 × 2 contra os membros liberais do Partido Conservador — então conhecidos como "Wets", no jargão das escolas britânicas de elite —, caso as coisas ficassem difíceis. Whitelaw, o líder dos Wets, mencionou depois que durante a crise nas ilhas Falkland tremia toda vez que se lembrava do episódio fracassado de Suez.

No Conselho de Segurança da ONU, o Reino Unido estava em uma posição difícil. Sir Anthon Parsons, embaixador britânico, invocou a Resolução 502, exigindo a "retirada imediata" das forças argentinas; mas, embora pudesse contar com o apoio dos Estados Unidos, da França, da Irlanda e do Japão, sabia que a Argentina podia confiar no bloco comunista — China, Rússia e Polônia — para votar contra. Os países latinos do Conselho, Espanha e Panamá, apoiavam abertamente a Argentina. Isso significava que Parsons tinha que conquistar todos os outros cinco membros — Jordânia, Togo, Zaire, Uganda e Guiana — para obter a maioria de dois terços necessária para a resolução passar, e tinha apenas 48 horas para isso.

E Parsons conseguiu. A França teve que pressionar o Togo, e Thatcher precisou telefonar diretamente para o rei Hussein da Jordânia. Parsons apostou que os russos usariam seu poder de veto no Conselho de Segurança; mas, apesar da forte pressão argentina relativa a exportações de cereais, a Rússia não agiu assim, porque ideologicamente não queria ser vista apoiando um regime autoritário de direita contra uma democracia. Thatcher, embora não fosse grande admiradora das Nações Unidas, poderia, de agora em diante, afirmar que "tudo que os argentinos precisam fazer é honrar a resolução 502 do Conselho de Segurança da ONU". E foi o que fez com frequência, nos dias e nas semanas seguintes, um período de elevada tensão internacional.

O general Haig fez o possível para conseguir a paz com uma costura diplomática entre os futuros beligerantes, mas descobriu que os argentinos não queriam conceder nenhum grau de autodeterminação para os habitantes das Falklands no futuro e se recusavam terminantemente a permitir que a bandeira argentina fosse arriada ali. Em suas reuniões com Haig, o almirante Jorge Anaya, da junta, disse que o Reino Unido não tinha inclinação para lutar, quc uma democracia não pode tolerar baixas e que a força-tarefa naval não poderia operar depois que o inverno se abatesse sobre o Atlântico Sul. Nesse aspecto Anaya provavelmente tinha razão, embora decerto estivesse errado nos dois primeiros pontos.

Thatcher não podia, portanto, ver qualquer possibilidade de solução pacífica nos dias que decorreram enquanto a força-tarefa navegava para o sul. Ela anunciou o que chamou de zona de exclusão total, de 200 milhas náuticas ao redor das Falklands, dentro da qual qualquer navio argentino poderia ser afundado sem aviso prévio. Enquanto isso, os chefes de Estado-Maior estavam advertindo o gabinete sobre a possibilidade de um número elevado de mortos e feridos, e até uma possível perda de 50% na mais recente aquisição de tecnologia militar avançada, os aviões de combate Harrier Jump Jets. Alertaram também para o perigo representado pelos mísseis Exocet, de fabricação francesa, que os argentinos haviam comprado pouco tempo antes. Felizmente, tanto Francis Pym como Willie Whitelaw tinham ganhado condecorações militares na Segunda Guerra Mundial e puderam lembrar aos demais membros do gabinete de guerra que o dever dos chefes de Estado-Maior incluía serem excessivamente pessimistas para com os políticos antes de iniciar uma batalha.

Em 25 de abril, a ilha da Geórgia do Sul, que também fora invadida pela Argentina, foi libertada sem baixas por 75 comandos do Serviço Aéreo Especial (SAS, na sigla em inglês), do Serviço Especial Embarcado (SBS, na sigla em inglês) e dos Fuzileiros Navais. Isso exigiu um ataque direto, após o qual um oficial argentino atônito se queixou ao comandante da SAS: "Vocês caminharam pelo meu campo minado!".[13] Em Londres, Thatcher apareceu à porta de sua residência oficial e se limitou a dizer aos jornalistas, ansiosos por fazer perguntas: "Alegrem-se, só isso, alegrem-se".[14]

No entanto, mesmo nesse estágio crucial, nem todos os britânicos estavam alegres, nem apoiando maciçamente o uso da força para libertar as Falklands, pois achavam Thatcher demasiado belicosa e viam as Nações Unidas como o árbitro final das questões de guerra e paz. Um eminente político do Partido Trabalhista, Tony Benn, e o presidente do partido fizeram campanha contra o uso da força e 33 deputados trabalhistas também votaram contra no Parlamento; o Congresso dos Sindicatos exortou o governo a não se envolver em ações militares; as três figuras mais importantes do Partido Liberal guardaram um silêncio significativo; a BBC transmitiu um programa sobre os membros do Partido Conservador contrários à ação militar. Uma pesquisa de opinião estimou que a maioria dos altos funcionários públicos se opunha ao envio da força-tarefa, incluindo autoridades do Tesouro, do Ministério das Relações Exteriores e do Gabinete. E o aspecto mais perigoso é que Francis Pym apresentava argumentos pacifistas no gabinete de guerra enquanto soava beligerante no Parlamento. (Margaret Thatcher se vingou com requinte em certa ocasião, pedindo-lhe para defender, diante de todo o gabinete, uma decisão polêmica à qual ele se opusera veementemente no gabinete de guerra.)

Na tarde de 1º de maio, o comandante do submarino nuclear HMS *Conqueror* informou que tinha avistado o cruzador argentino *General Belgrano*, de 12 240 toneladas, escoltado por dois destróiers armados com mísseis Exocet, entrando e saindo da zona de exclusão total. O *Belgrano* estava dando coordenadas de voo para os aviões da Força Aérea argentina e, portanto, representava um perigo claro e presente para quaisquer futuras operações militares britânicas nas ilhas. Na manhã de 2 de maio, o almirante sir Terence Lewin foi à reunião do gabinete de guerra em Chequers, casa de campo oficial da primeira-ministra, para pedir permissão para afundá-lo imediatamente, embora naquele momento o *Belgrano* estivesse mais de sessenta quilômetros a sudoeste da zona de exclusão. Houve uma longa discussão, e Thatcher deu ordem para afundá-lo, sem que qualquer ministro discordasse. Colocando-se em perigo, à distância de 1800 metros, o HMS *Conqueror* disparou, às quinze horas, três torpedos Mark 8, dois dos quais atingiram e afundaram o *Belgrano*, com a perda de 323 vidas de militares argentinos. Foi a primeira perda de vidas em grande escala da guerra, e até hoje a decisão é controversa, mas demonstrou que os britânicos não estavam blefando e que, nas palavras de Hastings e Jenkins, "a tomada das Falklands seria enfrentada com qualquer nível de força necessário para recuperá-las".[15]

A guerra também causou perdas britânicas, como o naufrágio do destróier tipo 42 HMS *Sheffield*, por um míssil Exocet lançado de um avião, em 4 de maio — o primeiro navio da Marinha Real a afundar em ação desde a Segunda Guerra Mundial. Vinte tripulantes foram mortos. (Enquanto o restante da tripulação esperava para ser resgatado do navio após o ataque, o subtenente Carrington-Wood animou-os puxando um coro com "Always Look on the Bright Side of Life" ["Sempre veja o lado bom da vida"], a música do Monty Python.) Em 25 de maio, o Dia da Pátria na Argentina, pilotos argentinos de uma coragem tremenda, atacando sob fogo pesado, afundaram também o HMS *Coventry*, com perda de mais vinte vidas de britânicos, além de 29 feridos. Esses ataques deixaram Margaret Thatcher visivelmente abatida e desolada; em cada uma dessas ocasiões ela se retirava para seus aposentos no segundo andar da residência oficial e escrevia, pessoalmente, à mão, cartas para os pais de cada um dos soldados mortos. No total, ela teve que escrever 255 cartas. "As Falklands marcaram a sua alma, assim como a minha", disse depois seu marido, Denis.[16]

Contudo, apesar de toda a pressão internacional, nacional, emocional e da mídia sobre ela, Thatcher se aferrou à causa da libertação das ilhas. Também se recusou a aumentar a tensão sobre o comandante local das operações terrestres, tenente-general sir Julian Thompson, para que saísse da posição avançada que havia estabelecido na baía de San Carlos, antes da hora propícia. Em 25 de maio, quando cinco navios já haviam sido afundados, ela disse a um grupo de mulheres apoiadoras do Partido Conservador que "está fora de cogitação pressionar o comandante da força a avançar prematuramente".[17] Quando, dois dias depois, Thompson avançou em direção a Stanley e Goose Green, ela ficou aliviada por poder anunciar o fato à Câmara dos Comuns.

"Thatcher está sob grande pressão para tomar Stanley", escreveu em seu diário naquele momento um oficial da unidade de comandos de Northwood. "Cada dia que passa sem que Stanley seja tomada é mais um país perdido para a opinião pública mundial. Não podemos correr o risco de perder outro navio; do contrário, o gabinete pode não resistir à pressão para aceitar um cessar-fogo."[18] Ainda houve várias batalhas importantes, incluindo a Batalha de Goose Green e o ataque noturno ao monte Tumbledown, considerado a batalha mais dura da campanha. Essas e outras vitórias em campo levaram ao sucesso que Margaret Thatcher e o almirante Leach tinham tido a confiança necessária para prever, todas aquelas tensas semanas antes.

As Falklands ensinaram a Thatcher que ela precisava ter seu próprio gabinete, que pudesse lhe fornecer informações que ela por vezes não recebia de departamentos de Estado, como o das Relações Exteriores e outros que, segundo ela, desconfiavam de seus instintos naturalmente combativos. "Percebi muito bem que preciso de um departamento", disse, durante o conflito. "Não tenho um departamento e, portanto, tenho que confiar em boatos de terceiros, e não gosto disso."[19] Ela tinha uma aversão inerente a "instituições" governamentais, como o Ministério das Relações Exteriores, acreditando que eles calcificavam o pensamento, protegiam os privilégios e retiravam os incentivos. Mais tarde, passou a confiar mais em consultores especiais talentosos, pessoas como sir Charles Powell (depois lorde Powell), que lhe dava conselhos independentes, bastante impermeáveis às suposições do Ministério das Relações Exteriores.

Na segunda-feira, 14 de junho, às 22h15, a primeira-ministra levantou-se na Câmara dos Comuns e anunciou: "Nossas forças chegaram aos arredores de Port Stanley. Soldados argentinos em grandes números depuseram suas armas. Há relatos de que estão hasteando bandeiras brancas sobre Port Stanley".[20] A Câmara dos Comuns entrou em êxtase com aplausos de alívio e alegria. Enoch Powell, que dissera que o conflito mostraria de que tenacidade era feita a Dama de Ferro, disse à Câmara: "Isso mostra que a substância que está sendo testada consiste em metal ferroso da mais alta qualidade, com excepcional resistência à tração, é altamente resistente ao desgaste e ao estresse e pode ser usada com vantagem para todos os objetivos nacionais".[21]

Ao voltar para casa, 10 Downing Street, naquela noite, exausta porém eufórica, Margaret Thatcher ficou acordada a noite toda, com a multidão à sua porta entoando a canção patriótica "Rule Britannia!". Quando a frota retornou a Portsmouth nos dias seguintes, grandes multidões foram dar as boas-vindas a cada navio, enquanto cidades e vilarejos competiam para homenagear seus militares.

A vitória nas ilhas Falkland deu a Thatcher a confiança necessária para enfrentar os numerosos desafios não militares do mandato de primeira-ministra. Na greve dos mineiros de 1984-5, nas consequências do atentado realizado contra ela pelo IRA em outubro de 1984, nos pedidos por um desconto nas exigências orçamentárias da União Europeia, nas lutas pela desregulamentação e desnacionalização, e ainda em sua reação à invasão de Saddam Hussein ao Kuwait, em agosto de 1990 — em todos esses episódios é possível ver posta em prática, repetidas vezes, a lição da Guerra das Falklands: a ação resoluta contra os adversários consolida o apoio de forma muito melhor do que o apaziguamento.

"Hoje estamos reunidos depois da Batalha das Falklands", disse Thatcher, em um discurso em 3 de julho.

> Nosso país conquistou uma grande vitória e temos o direito de nos orgulhar. Esta nação tomou a firme decisão de fazer o que sabia que precisava ser feito, o que sabia ser correto. Lutamos para mostrar que a agressão não compensa e que não se pode permitir ao ladrão fugir com o seu butim. [...] Lutamos pelo nosso próprio povo e pelo nosso próprio território soberano. Agora que tudo acabou, as coisas não podem ser as mesmas de antes, pois aprendemos algo sobre nós mesmos — uma lição que precisávamos desesperadamente aprender. Quando começamos, havia os vacilantes e os covardes. [...] Os que julgavam que não éramos mais capazes de realizar as grandes coisas que realizamos no passado. Aqueles que acreditavam que nosso declínio era irreversível, que nunca mais poderíamos voltar a ser o que éramos. E havia aqueles que não admitiam isso [...] pessoas que recusariam veementemente essa sugestão, porém no fundo do coração também tinham seus temores secretos de que isso fosse verdade: que o Reino Unido não era mais a nação que construiu um Império e governou um quarto do mundo. Pois bem, eles estavam errados. A lição das Falklands é que o Reino Unido não mudou e que esta nação ainda tem essas qualidades esplêndidas que rebrilham ao longo de toda a nossa história. Esta geração está à altura de seus pais e seus avós em capacidade, em coragem e em resolução.[22]

Era verdade, e grande parte do crédito por isso deve ser atribuído às qualidades de capacidade, coragem, resolução e pura liderança da mais notável mulher inglesa desde a rainha Elizabeth I.

CONCLUSÃO: O PARADIGMA DA LIDERANÇA

"A HISTÓRIA DA RAÇA HUMANA É A GUERRA."[1] A dolorosa conclusão de Winston Churchill não foi refutada desde que ele a formulou, em 1929. De fato, nos quase três quartos de século decorridos desde o final da Segunda Guerra Mundial, houve apenas um ano em que nenhum soldado britânico morreu em serviço ativo em algum lugar do mundo. (Esse ano foi 1966, mais de meio século atrás.) Embora alguns argumentem que o mundo se tornou muito mais seguro nos últimos anos, inclusive o professor Steven Pinker, em seu instigante livro sobre o declínio da violência, *Os anjos bons da nossa natureza*, bastaria um erro de cálculo — ou mesmo um cálculo cético — para acabar com todas as estatísticas otimistas de Pinker em uma única tarde.

A resposta para essa maldição onipresente no ser humano é contraintuitiva. Não se trata de aderir ao pacifismo e isolar-se do mundo e de seus problemas — o alcance dos mísseis e dos aviões aumentou demais e o planeta está interconectado demais para que essa opção seja realista; trata-se de fazer exatamente o contrário. A resposta é se dedicar mais, e mais ativamente, para tentar compreender o fenômeno da guerra, para melhor combater seu canto de sereia. Isso não é tão difícil quanto parece, pois, como disse Churchill numa carta a um certo sr. J. H. Anderson, em dezembro de 1906, agradecendo-lhe pelo envio de um relato da campanha de sir John Moore na Península Ibérica, de 1808: "É sempre a mesma história, embora a cada vez mudem as armas; desde as ovelhas que permitiram a Ulisses escapar da caverna do ciclope, agarrando-se à barriga dos animais, até os bois com os quais De Wet rompeu a linha das fortalezas no Estado Livre de Orange".*[2]

Enquanto escrevo, ao lado da mesa no meu escritório há uma carta de Aldous Huxley, escrita em Deronda Drive, em Los Angeles, em novembro de 1959, em que ele diz: "A lição mais importante que a história tem a nos ensinar é que os homens não aprendem grande coisa com as lições da história". Contudo, as poucas lições que aprendemos precisam ser as certas. Dos nove líderes de guerra sobre os quais escrevi neste livro, um recordou seu professor de história da escola como

> um homem de cabelos grisalhos cujas descrições inflamadas nos faziam esquecer o presente, que trazia os fatos históricos lá do nevoeiro dos séculos e os transformava em realidade viva. Sabia não só como lançar luz sobre o passado utilizando o presente, mas também como tirar conclusões do passado e aplicá-las ao presente. Mais do que qualquer outra pessoa, ele demonstrava compreensão de todos os problemas cotidianos que na época nos

---

* Referência à emboscada dos bôeres às forças britânicas em Waterval Drift, em 15 de fevereiro de 1900, na Guerra dos Bôeres, na África do Sul.

tiravam o fôlego. Ele foi o professor que tornou história minha matéria favorita.[3]

Isso foi escrito por Adolf Hitler em *Minha luta* e ilustra como é fácil para tanta gente aprender as lições erradas da história.

Quando contemplamos a longa história da Antiguidade até a queda do Império romano e depois, fica claro que os comandantes dos grandes impérios egípcio, judaico, assírio, grego, macedônio, romano e, finalmente, huno nos oferecem não só exemplos de uma liderança aterrorizante e inspiradora, mas também o molde para quase todos os grandes comandantes que vieram depois. É impossível pensar na carreira militar e política de Napoleão Bonaparte, por exemplo, sem levar em conta que ele se considerava, conscientemente, um digno sucessor moderno de Alexandre, o Grande, e de Júlio César, e provou isso em seu exílio na ilha de Santa Helena, no Atlântico Sul, ao escrever a biografia de César. Da mesma forma, é espantoso ver que batalhas como as de Canas e Ácio, e líderes como Aníbal e Cipião surgem com muita frequência no pensamento e na conversa dos líderes militares dos séculos XIX e XX. Eisenhower pensou muitas vezes sobre Canas, como vimos, batalha que ainda hoje é ensinada nas academias militares.[4]

Winston Churchill se via agindo no mesmo plano histórico de seu grande ancestral, o duque de Marlborough, e também de seu outro grande herói, Napoleão. Além deles, seus outros modelos de liderança em 1940 foram William Pitt, o Jovem, nas Guerras Napoleônicas, e David Lloyd George e Georges Clemenceau, na Primeira Guerra Mundial. "A vida de Nelson deveria ser uma lição para a juventude da Inglaterra", escreveu Churchill a sua mãe, em dezembro de 1897.[5] Margaret Thatcher se inspirou no próprio Churchill durante a Guerra das Falklands. Os heróis de George Marshall foram os gigantes da Guerra Civil americana; quando jovem cadete no Instituto Militar da Virgínia, vira a viúva de Stonewall Jackson assistir a cerimônias de homenagem ali prestadas. Os heróis de Charles de Gaulle incluíam Clemenceau e, ironicamente, como se soube depois, o marechal Philippe Pétain; mas também remontavam no tempo aos grandes comandantes da história da França, chegando até Joana d'Arc, que repeliu os ingleses. De Gaulle era curiosamente ambivalente em relação a Napoleão, o qual considerava megalomaníaco. (E a isso qualquer inglês pode acrescentar: é fácil reconhecer seu semelhante...)

Stálin reverenciava o notadamente não militar Karl Marx, é claro — muito mais do que suspeitávamos, como confirma sua mais recente biografia, de Stephen Kotkin —, e não foi à toa que Hitler, que também admirava Armínio, batizou sua invasão à Rússia em homenagem a outro de seus heróis: o imperador Frederico I, conhecido como Barbarossa.* É possível descobrir muito sobre os líderes notando quem foram os seus heróis e quais os momentos históricos lhes deram inspiração.

Como ressalta o brilhante livro de Cathal Nolan *The Allure of Battle* [O fascínio da batalha], a liderança não é suficiente. Mesmo a prodigiosa panóplia de qualidades de liderança que Napoleão demonstrou em sua carreira não conseguiu, no final, salvá-lo, nem salvar o Primeiro Império. Ele era capaz de dividir sua mente em compartimentos nítidos; planejar meticulosamente com uma equipe bem treinada, sob o comando do marechal Alexandre Berthier; avaliar o terreno e deduzir o que havia do outro lado da colina; determinar com precisão o

* O marechal de campo britânico lorde Inge me disse certa vez que sempre seguia duas grandes máximas militares: 1. Jamais invadir a Rússia; 2. Jamais confiar sua bagagem à RAF.

momento para seus ataques; demonstrar nervos de aço à sua equipe; encorajar o espírito de equipe em seus exércitos; divulgar proclamações inspiradoras; controlar o ciclo de notícias; adaptar-se aos conceitos táticos modernos; fazer as perguntas certas; e demonstrar total inclemência quando necessário. Seu carisma não foi criado artificialmente; e, até o final, ele desfrutou de notáveis fases de boa sorte. Acima de tudo, talvez, ele focava em identificar o momento em que poderia explorar uma vantagem numérica no ponto decisivo do campo de batalha.

Napoleão tinha todas essas importantes características de liderança, mas mesmo assim cometeu um terrível erro em Maloyaroslavets, em 25 de outubro de 1812, ao escolher a direção errada para retirar seu Exército da Rússia. Por mais generosos que os duendes e fadas sejam quando se reúnem em torno do berço do grande líder, trazendo seus dons, parece que sempre há um malvado entre eles que vem subtrair um dos presentes da cornucópia.

Churchill também tinha uma panóplia de qualidades de liderança. "A concentração era um dos segredos de seu caráter", lembrou James Stuart, o chefe da bancada do governo. "Nem sempre era óbvio, mas ele nunca pensava em mais nada além da tarefa a cumprir naquele momento."[6] Durante a Segunda Guerra Mundial, Churchill fez da sua vida e seu trabalho uma coisa só, tirando apenas oito dias de férias propriamente ditas durante os seis anos do conflito, seis deles pescando no Canadá e dois nadando na Flórida; mas mesmo nesta última viagem foi acompanhado por suas caixas vermelhas com a papelada do Ministério e lia todos os jornais. Também conseguiu trabalhar quase o tempo todo em duas graves crises de pneumonia durante a guerra.

Não surpreende que muitos outros grandes líderes também tenham sido workaholics, como Margaret Thatcher, Helmuth von Moltke, o Velho, e o marechal Ivan Konev. Entre os nove personagens deste livro, apenas Hitler era genuinamente preguiçoso e carecia de uma ética de trabalho. A energia é um atributo quase demoníaco, difícil de caracterizar, e assume muitas formas. Entre todos esses líderes, Churchill foi, ao lado de Napoleão, um dos mais plenos de energia vital; e, no entanto, muitas vezes só se levantava da cama ao meio-dia — e isso para um banho quente —, embora estivesse trabalhando sem parar em seus papéis desde antes do café da manhã.

A capacidade de um líder em guerra de planejar meticulosamente é importante, apesar da tirada de Von Moltke de que poucos projetos sobrevivem ao primeiro contato com o inimigo. "Planos são inúteis", concordou Eisenhower. "Planejamento é tudo."[7] Amiúde se esquece que um dos planos de guerra mais bem-sucedidos da história moderna — a *Blitzkrieg* de Hitler contra a Europa ocidental, que conseguiu nocautear a França, a Bélgica, Luxemburgo e a Holanda em seis semanas, em maio e junho de 1940 — não era o projeto original. Quando o primeiro conjunto de planos caiu, por acidente, nas mãos dos Aliados, apenas alguns dias antes do lançamento do ataque, Erich von Manstein elaborou um novo. Foi esse plano B que desenhou a famosa manobra de foice, na qual os blindados concentrados privaram os Aliados de suas bases de suprimentos, a Linha Maginot foi contornada, a floresta das montanhas das Ardenas, até então considerada impossível de atravessar, foi usada como rota de ataque, e os alemães atravessaram a linha de defesa em Sedan em seis dias e chegaram à costa do canal da Mancha, em Abbeville, em apenas dez dias. Poucos planos B na história foram tão bem-sucedidos.

Para o planejamento em especial e para a liderança em geral é útil uma boa memória — ou, na falta desta, um excelente sistema de arquivamento. Churchill tinha uma memória fonográfica, e não só para canções de cabaré e sonetos de Shakespeare. Ele passava até trinta horas memorizando seus discursos e os ensaiava repetidamente para conseguir a perfeição em cada palavra; e até criava alguns que não daria naquele momento, mas que poderia proferir em alguma ocasião no futuro. Por vezes presenteava pessoas próximas com discursos que teria feito se estivesse na Câmara dos Comuns em diferentes momentos da história. Quanto a um excelente sistema de arquivamento, dificilmente haveria um melhor que o de Napoleão, que também possuía uma memória magnífica e usava seu chefe de gabinete, marechal Alexandre Berthier, para garantir que, mesmo em uma carruagem avançando em boa velocidade, fossem capazes de posicionar geograficamente cada unidade de seu Exército; além disso, enviava e recebia mensagens escritas, que os auxiliares de campo, cavalgando ao lado da carruagem, pegavam pela janela, saindo a galope para entregá-las.

Embora seja um fator impossível de quantificar ou de prever, um líder precisa ter sorte, além de ser brilhante. Antes de promover alguém a marechal, Napoleão também queria saber se seus generais tinham sorte; e não há dúvida de que a sorte desempenha um papel importante na liderança de guerra. O papel do acaso e da contingência na história merece, por si só, um livro inteiro, e desarma as teorias dos Whig, dos marxistas e dos deterministas, segundo as quais o progresso da humanidade corre ao longo de trilhos bem definidos.

A capacidade do líder de avaliar o terreno não se limita ao geográfico e topográfico. Segundo a famosa frase de Clausewitz, a guerra é a continuação da política por outros meios. Um grande líder também precisa ser capaz de avaliar o terreno político e econômico onde fará sua campanha. Franklin Roosevelt pode ter desejado que os Estados Unidos tivessem entrado na Segunda Guerra mais cedo do que conseguiu — tal era o sentimento isolacionista da época —, mas, nas eleições de 1940, em Boston, ainda teve que prometer aos pais americanos que "seus filhos não serão enviados para guerras estrangeiras", a fim de se manter na Casa Branca e enfrentar a tempestade que estava por vir.[8] Um líder precisa ser realista, mas tem que saber julgar o momento exato em que é possível mudar o sentimento do público. Nesse caso, é claro, não havia nada de estrangeiro na guerra que os japoneses desencadearam contra os Estados Unidos no Havaí, em 7 de dezembro de 1941. Até aquele momento, Roosevelt tinha honrado sua promessa de campanha.

Nesse campo, Abraham Lincoln também foi um supremo líder de guerra, decerto à altura de qualquer um dos nove retratados neste livro. Sua percepção quase sobrenatural do que a União dos estados do Norte seria capaz de aceitar politicamente, e quando aceitaria; do que ele poderia pedir e do que simplesmente não poderia pedir em um determinado momento, e sua disposição para enfrentar tempestades políticas, fazer acordos necessários, despedir generais desleais ou de baixo desempenho, e empregar uma oratória digna de Péricles no Discurso de Gettysburg e nos dois discursos de posse da presidência, o tornam inigualável como líder de guerra no panteão americano.

"O homem razoável se adapta ao mundo", escreveu George Bernard Shaw em *Homem e Super-Homem*. "O homem irracional persiste em tentar fazer o mundo se adaptar a ele. Portanto, todo o progresso depende do homem irracional." O talento para a irracionalidade em momentos oportunos é outro atributo do grande líder. A rainha Elizabeth I recusou-se a nomear seu sucessor, apesar da constante pressão de seu Conselho Privado, protegendo assim seu país do perigo de uma guerra civil. Elizabeth I tinha muitos dos atributos de um grande líder de guerra, em sua oratória, sua determinação e seu discernimento para escolher as pessoas certas.

Uma coisa que todos esses líderes tribais têm em comum — exceto Hitler no final, quando passou a odiar o povo alemão e queria puni-lo com a "Ordem de Nero", por ter fracassado nos seus ideais nazistas ao perder a guerra — era uma fé absoluta no fato de que a sua tribo é superior aos seus antagonistas. Churchill e Thatcher e sua visão sobre a *Englishness*, o caráter especial dos ingleses; De Gaulle e sua "certa ideia da França" (que, estranhamente, refletia a de Napoleão, embora a Córsega tenha passado a fazer parte da França apenas um ano antes do seu nascimento); Abraham Lincoln, Franklin D. Roosevelt e Theodore Roosevelt e sua crença nos Estados Unidos como o experimento mais extraordinário de criação de uma nação em toda a história humana — cada um deles acreditava na capacidade da tribo que liderava. Acreditavam no que hoje se chama de excepcionalismo nacional, como sempre acreditaram os líderes tribais ao longo da história — considere-se a visão de Péricles sobre Atenas em sua famosa oração fúnebre, ou o discurso "Ferro e Sangue" de Bismarck.

O senso de humor não é um atributo necessário em um grande comandante. Margaret Thatcher, por mais que seja admirada por suas outras qualidades, não tinha nenhum, e diz-se que Helmuth von Moltke, o Velho, sorriu apenas duas vezes na vida: a primeira quando alguém sugeriu que a fortaleza de Liège era impossível de ser capturada, e a segunda ao saber que sua sogra havia morrido. No entanto, Churchill, Napoleão e Lincoln tinham um senso de humor refinado e eram capazes de encantar e inspirar as nações que lideraram.

Ter nervos fortes em uma crise é algo que não pode ser subestimado, mas pode ser aprendido. Basil Liddell Hart escreveu em *Thoughts on War* [Pensamentos sobre a guerra], seu livro de 1944: "Estas duas qualidades — iniciativa e personalidade forte, ou determinação, valem muito para o poder de comando na guerra; elas são, na verdade, a marca registrada dos Grandes Comandantes".[9] Embora Stálin tenha sofrido algo próximo a um colapso mental quando soube da Operação Barbarossa, em 22 de junho de 1941, retirando-se para sua casa de campo por vários dias enquanto o Exército Vermelho e a Força Aérea eram arrasados em todas as frentes, em meados de outubro, quando os alemães estavam às portas de Moscou, ele já havia controlado seus nervos o suficiente para ficar e lutar. Também Charles de Gaulle demonstrou nervos de aço na missa em Notre-Dame em comemoração da libertação de Paris enquanto tiros foram ouvidos dentro da própria catedral, em 26 de agosto de 1944. Margaret Thatcher, durante a crise nas Falklands e após o atentado do IRA contra ela, em outubro de 1984, e Churchill, durante toda a Segunda Guerra Mundial, também mostraram ter completo autocontrole em situações de crise, assim como Napoleão quando seu Exército recuou, nos estágios iniciais da Batalha de Marengo. Essa calma sob pressão é a quintessência da liderança.

Apreciar a importância da disciplina e do treinamento foi fundamental para a liderança de guerra dos generais Marshall e Eisenhower, e a escala do que eles realizaram ainda é impressionante, três quartos de século depois. Treinar um Exército praticamente a partir do zero — era o décimo-quarto do mundo em contingente, igual ao da Romênia — e chegar a estar em condições de atacar no Dia D, apenas dois anos e meio depois, enfrentando o melhor das forças alemãs e vencendo em campo aberto, eis uma conquista verdadeiramente extraordinária. Foi necessário impor disciplina tanto aos generais quanto aos soldados — ninguém demitiu tantos generais na história americana como George Marshall, e até Patton sofreu séria reprimenda de Eisenhower após o incidente do tapa na cara dos soldados. "Treinamento" era a palavra de ordem tanto de Marshall como de Eisenhower, que conseguiram encontrar o equilíbrio exato entre eliminar a negligência e permitir que seus generais conservassem a iniciativa. Os anos de Nelson como marujo foram usados em constante treinamento de artilharia, e Napoleão ordenou que, quando a Grande Armée estava acantonada nos portos do canal da Mancha, em 1803-5, realizasse intermináveis manobras, para preparar os homens para as batalhas que viriam.

Em outubro de 1944, Patton definiu a liderança como a capacidade de "dizer a alguém que acha que foi derrotado que ele não foi derrotado".[10] Como uma guerra é vencida por quem ganha a última batalha, é fundamental ter a capacidade de inspirar os perdedores da penúltima batalha. Aqui se destaca a suprema obstinação de George Washington, junto à de Churchill, em 1940. Afora a evacuação do Brooklyn cruzando o East River, em agosto de 1776 — onde uma estranha combinação de nevoeiro baixo e direção adversa do vento de alguma forma impediu a Marinha Real de capturar uma força que baixara para apenas 9 mil —, Washington teve poucos sucessos em 1775 e 1776. Como disse Churchill sobre Dunquerque, "uma guerra não se ganha pela evacuação"; mas, também como em Dunquerque, sobrevivência e fuga foram, em si, uma vitória para os revolucionários americanos. Simplesmente sobreviver às dificuldades de Valley Forge ao longo do inverno manteve a causa viva, e isso não poderia ter sido realizado sem a brilhante liderança de Washington pelo exemplo pessoal. O que Liddell Hart chamou de "iniciativa e personalidade forte, ou determinação" foi personificado por Washington naquele inverno gelado de 1776-7, e também demonstrado por todos os outros líderes deste livro. Exceto por hereditariedade, ninguém se torna um líder de guerra se não tiver uma personalidade forte.

Compreender a psicologia tanto do soldado raso como a do civil é uma parte importante da liderança de guerra. Hoje parece que se supõe que para liderar um povo é preciso ter vindo dele; mas não é o caso. Muitos que transbordavam capacidade de liderança vieram das classes ociosas ou abastadas de seus países — por exemplo Alexandre, o Grande, Júlio César, Napoleão, Churchill, os dois Roosevelt e John F. Kennedy, entre uma longa lista; no entanto todos tinham uma forte percepção do que motivava os soldados e cidadãos oriundos de camadas muito mais abaixo na escala social. Churchill nasceu em um palácio, neto de um duque, frequentou uma das melhores escolas do país e nunca andou de ônibus na vida, mas podia falar diretamente às necessidades do que chamava de *the cottage home* — as pessoas simples, do interior. Ao comandar nas trincheiras da Primeira Guerra, usou bem sua experiência de campanhas anteriores, sempre tentando garantir que os homens tivessem um mínimo de conforto, tal como cerveja, pão fresco e um bom serviço postal para poder manter contato com suas famílias.

Já Napoleão aprendeu com César como os homens podem ser induzidos a demonstrar coragem para evitar a vergonha. Ele criticava severamente as tropas quando considerava terem lutado abaixo das expectativas, como na campanha italiana de 1796-7. Em suas reflexões sobre as guerras de Júlio César, Napoleão narra a história de um motim em Roma, quando César concordou laconicamente com o pedido de seus soldados de serem desmobilizados mas depois os tratou como "cidadãos", em vez de "soldados" ou "camaradas". "O resultado dessa cena dramática", observa Napoleão, "foi obter a continuação dos serviços desses homens."[11]

Para que isso dê certo, o líder precisa ter demonstrado uma coragem pessoal que seja admirada por seus seguidores, e ainda mencionada anos após o evento. Nelson perdeu um olho e um braço em combate; Napoleão travou sessenta batalhas, foi ferido duas vezes e sobreviveu com garbo a numerosas tentativas de assassinato; Stálin mostrou certa coragem como ladrão de bancos e se recusou a tomar seu trem pessoal para deixar Moscou em outubro de 1941. Hitler ganhou a Cruz de Ferro de primeira e de segunda classes (embora tenha sido descoberto recentemente que essas medalhas foram dadas a todos os estafetas do 16º Regimento da Reserva da Baviera, sem relação com sua coragem pessoal).

Charles de Gaulle esteve envolvido em tantos combates diretos na Primeira Guerra que ficou famoso em todo o Exército francês por sua coragem. Daqueles que, por várias razões, não tiveram a oportunidade de estar fisicamente em combate, George Marshall e Dwight Eisenhower eram militares e ninguém duvida que teriam demonstrado bravura se tivessem a oportunidade; Margaret Thatcher se portou com uma tremenda calma, coragem e dignidade quando o IRA tentou assassiná-la.

Surpreendentemente, ser bom orador não é absolutamente indispensável para a liderança — Napoleão, por exemplo, não era muito bom para falar em público —, mas esse talento pode ser extraordinariamente útil. Os grandes líderes tomam cuidado para não deixar que a organização militar e seus funcionários se interponham entre eles e seus liderados; portanto, a possibilidade de falar diretamente com seus soldados é inestimável. Todos os métodos possíveis já foram usados para efetuar essa comunicação, desde as Ordens do Dia de Napoleão e suas proclamações à Grande Armée até os generais da Segunda Guerra em pé num jipe para dirigir a palavra a uma unidade. Embora hoje esteja na moda lamentar o uso do Twitter pelo presidente Trump para se comunicar diretamente com o eleitorado, é um recurso que provavelmente teria sido usado pela maioria dos líderes, se pudessem. O fato de Napoleão ter apelidado uma de suas guarnições em Toulon de "Les Hommes sans Peur" (Os Homens Sem Medo) mostra sua capacidade de dizer o que precisava em 280 caracteres ou menos. De fato, a famosa frase dita a suas tropas antes da Batalha das Pirâmides — "Quarenta séculos vos contemplam" — tem todas as características de um excelente tuíte.

"A liderança é mais do que uma técnica, embora as técnicas sejam necessárias", escreveu Richard Nixon em seu livro *Leaders*. "Em certo sentido, administração é prosa; liderança é poesia. O líder trata, necessariamente, de símbolos, de imagens e daquele tipo de ideia mobilizadora que se torna uma força da história. As pessoas são persuadidas pela razão, mas são movidas pela emoção."[12] Uma das emoções que os líderes devem ocasionalmente inspirar é o medo, e ser implacável faz parte da liderança de guerra. Um exemplo é o massacre dos artilheiros turcos por Napoleão após a captura de Jaffa, em 1799, assim como a execução por Nelson do comodoro Francesco Caracciolo. A política de terra arrasada realizada pelo duque de Wellington nas cercanias de Lisboa — cometida portanto no território de Portugal, país aliado do Reino Unido — foi implacável, assim como a marcha de William Tecumseh Sherman para o mar na campanha de Savannah, no final de 1864. Churchill também teve seus momentos de impiedade quando afundou a frota francesa em Orã, intimidou o governo polonês em Londres a reconhecer o governo comunista polonês de Lublin e, ainda, quando concordou, em Ialta, em enviar dezenas de milhares de cossacos que haviam lutado a favor de Hitler de volta à União Soviética, onde quase certamente encontrariam a morte.

É famosa a frase de Sun Tzu, em *A arte da guerra*: "Portanto, lutar e conquistar em todas as suas batalhas não é a excelência suprema; a excelência suprema consiste em quebrar a resistência do inimigo sem lutar".[13] Os grandes líderes criam a reputação de serem invencíveis, e assim conseguem intimidar seus adversários. Podemos ver claramente essa capacidade de propaganda e criação de imagem na carreira de Tutemés III, do rei Assurbanípal da Assíria, de Alcebíades, Pompeu, Trajano, Gengis Khan e Kublai Khan, Fernão Cortés, Akbar, o Grande, Gustavo Adolfo, Erwin Rommel, Bernard Montgomery, George Patton e Moshe Dayan, bem como em vários dos líderes deste livro, que lapidaram cuidadosamente sua reputação de invencibilidade, como Napoleão, Nelson e Hitler. Eles reconheceram que, se sua reputação pudesse ajudá-los a vencer e, assim, poupar a vida de seus homens, por que haveriam de ser modestos? O número de grandes comandantes genuinamente modestos ou reservados é pequeno, mas pode-se citar Ulysses Grant, Dwight Eisenhower, George Marshall e sir William Slim.

Surpreendentemente, talvez haja alguma correlação entre o sucesso na liderança de guerra e o talento literário, muito além da capacidade de propaganda, embora isso talvez seja apenas um reflexo da correlação entre a liderança bem-sucedida e um intelecto de alto calibre. Pensemos em Júlio César, Xenofonte, Frederico, o Grande, Napoleão, Ulisses Grant em suas memórias e David Lloyd George — todos eles mostraram pelo menos algum talento literário. Embora não tenha sobrevivido para escrever suas memórias, lorde Nelson, tal como Churchill, não conseguia escrever uma frase desinteressante e, ao descrever uma cena de batalha, trazia seus leitores para dentro da ação e lhes tirava o fôlego. Ei-lo aqui, a bordo do HMS *Agamenon*, descrevendo a um camarada seu ataque aos franceses na Córsega, em fevereiro de 1794:

> Assim que chegamos a seu alcance eles começaram a nos atacar, com uma saraivada de balas de todos os calibres. Recolhi nossa vela principal para que pudéssemos ter o máximo de tempo para passar e devolvemos fogo por uma hora e meia, quando chegamos a uma distância demasiado grande para que nossos tiros acertassem o alvo. O fogo dos navios foi bem mantido, e tenho certeza de que não foram disparados nem dez tiros que não tenham atingido seu objetivo; em uma bateria de disparos dos canhões houve uma grande explosão de pólvora, e demorou algum tempo até conseguirem extingui-la. O fogo do inimigo era muito mal direcionado, cada navio nosso levou alguns tiros, mas não houve um homem sequer morto ou ferido.[14]

Se Nelson não tivesse dado certo como homem do mar, poderia ter ganhado a vida decentemente como romancista de suas guerras, antecipando C. S. Forester, Patrick O'Brian e Bernard Cornwell. Considerando que Nelson deixou a escola para entrar na Marinha pouco antes de completar treze anos, o fato de ser tão culto atesta o alto nível da educação oferecida pela Marinha Real em fins do século XVIII. O único momento em que sua gramática caiu por terra foi quando sucumbiu nas garras de um furioso ciúme, acreditando que o príncipe de Gales estava tentando seduzir lady Hamilton, em 1801. Seu desejo por ela é digno dos poetas metafísicos, quando escreve: "Tivesse eu milhões ou um Império, tu deverias compartilhá-lo comigo".[15]

Como Nelson bem sabia, a capacidade de lançar um ataque surpresa e manter a iniciativa sempre foi importante nas guerras, desde a trajetória de Josué, no século XIII a.C., até a do general Giap, no Vietnã, nos anos 1960. Entre as grandes surpresas, Aníbal atravessar os Alpes com elefantes, em 218 a.C. — uma rota que Napoleão também tomou para o ataque surpresa que levou à Batalha de Marengo, em 1800; lembremos também o ataque de Gerd von Rundstedt pelas Ardenas, que levou à Batalha do Bolsão, em dezembro de 1944. De fato, Paul Wolfowitz, ex-vice-secretário de Defesa dos Estados Unidos, disse em seu discurso de paraninfo na Academia Militar de West Point, em junho de 2001: "A surpresa acontece com tanta frequência que é surpreendente que nós ainda fiquemos surpresos com ela".

Como a guerra é, de fato, segundo Carl von Clausewitz, a continuação da política por outros meios, é vital que os líderes de guerra tenham um sexto sentido para a política, que em algumas áreas é semelhante à habilidade militar, como na importância de avaliar uma situação rapidamente, à primeira vista, ter um bom senso de *timing*, talento para a observação, o dom de perceber o que é genuinamente importante e não apenas algo para desviar a atenção, a faculdade de prever o comportamento provável do adversário em diferentes cenários. Aqui é preciso elogiar o pensamento político-militar de líderes como Ramsés II, o rei Davi, Carlos Magno, Guilherme, o Conquistador, o sultão Mehmet II, Suleimã, o Magnífico, Frederico, o Grande, Robert Clive, Simón Bolívar, Kemal Atatürk, Carl Gustaf Mannerheim e Gerald Templer. Obviamente, o oportunismo teve papel importante no sucesso de muitos desses generais-políticos e políticos-comandantes. Segundo Otto von Bismarck: "Um estadista deve esperar até ouvir os passos de Deus ressoando nos acontecimentos; deve, então, dar um salto e agarrar a bainha das Suas vestes".[16]

Em contraste, já houve muitos grandes comandantes que acertaram no lado militar mas cometeram erros desastrosos no lado político. Podemos citar Xenofonte, Pompeu, Robert E. Lee e Stonewall Jackson; Erich Ludendorff após a Primeira Guerra e, é claro, Gerd von Rundstedt, Erich von Manstein e Heinz Guderian na Segunda Guerra. Philippe Pétain foi um grande líder militar na Primeira Guerra e um político desastroso na Segunda. Até o próprio Tucídides foi exilado. Por vezes, o dom da liderança militar e o dom da política ocorrem juntos, como no caso de Dwight Eisenhower; mas não são tão correlacionados a ponto de haver uma passagem natural de uma área para a outra, como se poderia esperar.

Seria difícil conseguir um melhor exemplo de liderança do que a visita — que acabou sendo malsucedida — de Winston Churchill a Briaire, na quarta-feira, 12 de junho de 1940. Ele havia aterrissado na véspera em um pequeno campo de pouso perto dessa cidade, no vale do Loire, a cerca de oitenta quilômetros a leste de Orléans, para uma cúpula de guerra com o primeiro-ministro francês, Paul Reynaud. O comandante em chefe das forças francesas, general Maxime Weygand, juntamente com o marechal Pétain, expôs os fatos alarmantes dos avanços alemães no noroeste da França. De fato, Paris cairia três dias depois. Charles de Gaulle também estava presente, apenas alguns dias antes de voar para Londres e fazer seu famoso apelo aos franceses pelo rádio.

Depois de explicar a situação do Exército francês, Weygand exclamou: "Este é o ponto decisivo [*point d'appui*]. Agora é o momento decisivo. Os ingleses não devem manter nem um único soldado em solo britânico. Todos devem ser enviados para a França".[17] Nesse momento houve uma pausa terrível, e os conselheiros de Churchill temeram que sua generosidade, sua francofilia, coragem e otimismo o levassem a prometer mais apoio aéreo — embora o comandante em chefe da Aeronáutica, marechal sir Hugh Dowding, já o tivesse alertado que, se outros esquadrões de caça fossem enviados à França, ele não poderia mais garantir a defesa das ilhas britânicas.

Depois de uma pausa, e falando bem devagar, Churchill contradisse categoricamente Weygand, afirmando:

> Este não é o ponto decisivo. Este não é o momento decisivo. O momento decisivo virá quando Hitler lançar sua Luftwaffe contra o Reino Unido. Se conseguirmos conservar o controle do espaço aéreo sobre a nossa própria ilha — isso é tudo o que peço —, então conquistaremos tudo de volta para vocês. [...] Seja o que for que aconteça aqui, estamos decididos a continuar lutando, para sempre, para sempre, para sempre.[18]

Na manhã seguinte, houve outras reuniões nas quais foi acordado que o Reino Unido enviaria divisões para tentar organizar um reduto defensivo na Bretanha. Enquanto isso, contrariando o que haviam prometido e claramente preparando-se para uma rendição, os franceses impediram a RAF no sul da França de bombardear alvos italianos, apenas 48 horas depois de Mussolini entrar na guerra ao lado de Hitler. Ao chegar ao campo de pouso na volta para casa, o general sir Hastings (Pug) Ismay, secretário militar de Churchill, fez um pedido. Já que as divisões enviadas à França decerto teriam que ser evacuadas e poderiam ser capturadas, o governo britânico não poderia atrasar, discretamente, sua partida? "Certamente, não", respondeu Churchill. "Ficaria muito mal aos olhos da história se fizéssemos algo assim."[19]

As forças foram despachadas. Não foi possível deter os alemães, e 191 870 homens da 2ª Força Expedicionária Britânica foram, de fato, evacuados, em uma versão menor e menos famosa do episódio de Dunquerque. Mas o esforço fora feito, o lado britânico do acordo fora honrado, embora a França não tivesse honrado o seu. Mesmo sendo o grande líder em guerra que era, Churchill não estava pensando no julgamento imediato da imprensa, do Parlamento, e nem mesmo do público para se justificar, mas sim no futuro, no curso do tempo, naquilo que em uma ocasião posterior chamou, memoravelmente, "o severo julgamento da história".[20] Em certo sentido, ele buscava a aprovação de pessoas ainda não nascidas, aquelas que se reúnem para discutir assuntos desse tipo nas sociedades históricas e leem livros de ensaios sobre esses tópicos três quartos de século depois. Ou seja: nós. Era ali que ele procurava a sua justificativa, e é ali, espero, que a tenha encontrado.

Seria fácil dizer que, tal como o rinoceronte, é difícil definir a liderança a partir dos princípios básicos, mas decerto a reconhecemos ao vê-la. No entanto, existem, de fato, certos princípios e técnicas de liderança possíveis de se definir, que são eternos e se aplicam tanto a Ciro, o Grande, e a Leônidas como a Gueorgui Jukov e a sir Gerald Templer. Eles podem ser aprendidos, e é por isso que a carreira e as batalhas de alguns grandes comandantes militares do passado são ensinadas até hoje em academias navais e militares como West Point, Annapolis, Sandhurst, St. Cyr e Shrivenham.

Resenhando a biografia do marechal de campo Earl Haig por Alfred Duff Cooper no *Daily Mail*, em outubro de 1935, Churchill escreveu: "Ninguém pode discernir nem uma centelha daquele gênio misterioso, visionário e muitas vezes sinistro, que permitiu aos grandes comandantes da história dominar os fatores materiais, evitar a matança e enfrentar seus inimigos com o triunfo de novas aparições".[21] Haig certamente falhou nesses três requisitos durante a Primeira Guerra: não conseguiu dominar os fatores materiais — as trincheiras, o terreno plano e as metralhadoras; tampouco evitou as matanças, e sem Churchill como padrinho do nascimento do tanque de guerra não haveria praticamente nada de novo no campo de batalha, exceto o gás venenoso, usado pela primeira vez pelos alemães. As trincheiras, as metralhadoras e as ferrovias já tinham participado da Guerra Civil americana, meio século antes. O presente livro tratou desse "gênio misterioso, visionário e muitas vezes sinistro" que diferencia os Haigs — que fazem o melhor possível em circunstâncias terríveis — dos comandantes verdadeiramente grandes.

Se quisermos saber o que vai comover os corações e arregimentar as multidões, tanto hoje como no futuro, há apenas uma coisa a fazer: estudar o passado. Em maio de 1953, Churchill disse: "Estude história. Estude história. Na história estão todos os segredos da arte de governar" — e o mesmo se aplica a esse capítulo vital da arte de governar, a liderança na guerra.[22] Se existe uma qualidade que todos os grandes líderes de guerra possuíam é a que o conde de St. Vincent atribuiu a Horatio Nelson. Pessoalmente, St. Vincent não gostava muito de seu colega almirante, mas reconhecia prontamente que Nelson "possuía a arte mágica de infundir seu próprio espírito nos outros".[23] Os grandes líderes são capazes de fazer com que soldados e civis acreditem que fazem parte de um propósito que importa mais do que até mesmo a continuação da sua existência no planeta, e que o espírito do líder está infundido neles. Será uma "arte mágica" ou um "gênio sinistro"? Isso pode ser decidido pelos moralistas, mas aí reside o segredo da liderança na guerra.

AGRADECIMENTOS

Os primeiros rabiscos deste livro ganharam vida a partir das palestras que dei na Sociedade Histórica de Nova York entre 2014 e 2018, como Lehrman Institute Distinguished Lecturer, graças à grande generosidade de Lewis E. Lehrman e sua esposa, Louise, a quem este livro é dedicado. Gostaria de agradecer por suas inúmeras gentilezas, tanto na época quanto agora. Também agradeço a hospitalidade e amizade de todo mundo da Sociedade Histórica de Nova York — a presidente Pam Schafler, a presidente e CEO Louise Mirrer, os funcionários Dale Gregory e Alex Kassl e muitos outros desse lugar maravilhoso em que desfrutei imensamente de tantas noites ao longo dos anos, e continuo a desfrutar como Lehrman Institute Distinguished Lecturer sobre Sir Winston Churchill.

Fiz muito do trabalho adicional deste livro na Instituição Hoover, na Universidade de Stanford, como pesquisador visitante, graças à imensa generosidade de Roger e Martha Mertz. Também gostaria de agradecer a eles e a Yasmin

Samrai pela diligência em localizar todas as referências das notas finais.

Andrew Roberts
Abril de 2019

NOTAS

1. NAPOLEÃO BONAPARTE [pp. 13-35]

1. Winston S. Churchill, *A History of the English-Speaking Peoples*, v. 3, *The Age of Revolution*. Londres: Bloomsbury Academic, 1957, p. 225.
2. Digby Smith, *1813 Leipzig: Napoleon and the Battle of the Nations*. Londres: Greenhill Books, 2001, p. 189.
3. Andrew Uffindell, *Napoleon's Immortals: The Imperial Guard and Its Battles, 1804-1815*. Londres: Spellmount Publishers, 2007, p. 245.
4. Philip J. Haythornthwaite, *Napoleon: The Final Verdict*. Londres: Arms and Armor Press, 1996, p. 220.
5. Barão de Marbot, *The Exploits of Baron de Marbot*. Org. de Christopher Summerville. Nova York: Carroll & Graf, 2000, p. 137.
6. Barão Louis-François de Bausset-Roquefort, *Private Memoirs of the Court of Napoleon*. Filadélfia: Carey, Lea & Carey, 1828, p. 67.
7. George Bourne, *The History of Napoleon Bonaparte*. Baltimore: Warner & Hanna, 1806, p. 376.
8. Duquesa de Abrantes, *At the Court of Napoleon*. Gloucester: The Windrush Press, 1991, p. 117.
9. Napoleão Bonaparte, *Correspondance Générale*, v. 4, *Ruptures et fondation 1803-1804*. Org. de François Houdecek, carta n. 8731, 12 mar. 1804. Paris: Éditions Fayard, 2007, pp. 637-8.

10. General conde Philippe de Ségur, *History of the Expedition to Russia*, v. 1. Londres: Thomas Tegg, 1840, p. 182.
11. Barão Ernst von Odeleben, *A Circumstantial Narrative of the Campaign in Saxony in 1813*. Londres: John Murray, 1820, p. 182.
12. Ibid., p. 183.
13. Henry Houssaye, *The Return of Napoleon*. Londres: Longmans, Green and Co., 1934, p. 7.
14. Bausset-Roquefort, *Private Memoirs of the Court of Napoleon*, op. cit., p. 67.
15. Jean-Antoine Chaptal, *Mes souvenirs de Napoléon*. Paris: E. Plon, Nourrit et Cie, 1893, p. 337.
16. Tenente-general conde Mathieu Dumas, *Memoirs of His Own Time*, v. 2. Filadélfia: Lea & Blanchard, 1839, p. 223.
17. Ibid., p. 107.
18. Richard Henry Horne, *The History of Napoleon*, v. 1. Londres: Robert Tyas, 1841, p. 153.
19. John H. Gill, *With Eagles to Glory: Napoleon and His German Allies in the 1809 Campaign*. Londres: Greenhill Books, 1992, p. 9.
20. David Chandler, *The Military Maxims of Napoleon*. Nova York: Macmillan, 1987, p. 203.
21. Philip J. Haythornthwaite, *Napoleon: The Final Verdict*, op. cit., p. 222.
22. Kevin Kiley, *Once There Were Titans: Napoleon's Generals and Their Battles*. Londres: Greenhill Books, 2007, p. 19.
23. William Francklyn Paris, *Napoleon's Legion*. Londres: Funk and Wagnalls Co., 1927, p. 15.
24. Napoleão Bonaparte, *Correspondance de Napoléon Ier*. Org. de Henri Plon, v. 32. Paris: Imprimerie Impériale, 1858, p. 68.
25. David Chandler, *On the Napoleonic Wars: Collected Essays*. Londres: Greenhill Books, 1994, p. 99.
26. Michael Hughes, *Forging Napoleon's Grande Armée*. Nova York: New York University Press, 2012, p. 25.
27. Barão Antoine-Henri de Jomini, *Summary of the Art of War*. Nova York: GP Putnam & Co., 1854, p. 73.
28. Ibid.
29. David Johnson, *Napoleon's Cavalry and Its Leaders*. Nova York: Holmes & Meier, 1978, p. 22.
30. David Chandler, *On the Napoleonic Wars*, op. cit., p. 114.
31. Philip J. Haythornthwaite, *Napoleon: The Final Verdict*, op. cit., p. 224.
32. Léon de Lanzac de Laborie, *Paris sous Napoleon*, v. 2. Paris: Librairie Plon, 1905, p. 92.

33. Marquês de Noailles (Org.), *The Life and Memoirs of Count Molé*, v. 1. Londres: Hutchinson, 1923, p. 163.
34. Fondation Napoleon, *Correspondance Générale*, v. 9, *Wagram, Février 1809-Février 1810*. Org. de Patrice Gueniffey, carta n. 20 869. Paris: Éditions Fayard, 2013, p. 510.
35. Nigel Nicolson, *Napoleon: 1812*. Nova York: HarperCollins, 1985, p. 99.

2. HORATIO NELSON [pp. 36-58]

1. Carta de Benjamin Disraeli à rainha Vitória, 24 ago. 1879. In: William Flavelle Monypenny e George Earle Buckle, *The Life of Benjamin Disraeli, Earl of Beaconsfield*, v. 6 (Nova York: Macmillan, 1920), p. 435.
2. E. Hallam Moorhouse, "Nelson as Seen in His Letters". *Fortnightly Review*, Org. de W. L. Courtney, v. 96, 1911, p. 718.
3. Horatio Nelson, "Sketch of His Life", 15 out. 1799. In: Nicholas Harris Nicolas (Org.). *The Dispatches and Letters of Vice Admiral Lord Viscount Nelson*, v. 1, *1777-1794*. Londres: Henry Colburn, 1844, p. 15.
4. John Sugden, *Nelson: A Dream of Glory, 1758-1797*. Nova York: Henry Holt e Co., 2004, p. 105.
5. Ibid.
6. Ibid., p. 121.
7. Ibid., p. 217.
8. Robert Southey, *The Life of Horatio, Lord Nelson*. Londres: JM Dent & Sons, 1902, p. 131.
9. Terry Coleman, *The Nelson Touch: The Life and Legend of Horatio Nelson*. Nova York: Oxford University Press, 2002, p. 124.
10. Ibid., p. 147.
11. John Sugden, *Nelson: The Sword of Albion*. Nova York: Henry Holt and Co., 2013, p. 127.
12. Terry Coleman, *The Nelson Touch*, op. cit., p. 7.
13. Ibid., p. 18.
14. Tom Pocock, "Nelson, Not by Halves". *The Times*, 23 jul. 1996.
15. Robert Southey, *The Life of Horatio, Lord Nelson*, op. cit., p. 327.
16. Carta de Nelson a lady Hamilton, 17 set. 1805. *The Living Age*, v. 12, 1847, p. 140.
17. Carta de Nelson a lady Hamilton, 28 abr. 1804. In: Thomas Joseph Pettigrew. *Memoirs of the Life of Vice-Admiral Lord Visconde Nelson*, v. 2. Londres: T&W Boone, 1849, p. 390.

18. Carta de Nelson a lorde Barham, 5 out 1805. In: James Stanier Clarke e John M'Arthur, *The Life of Admiral Lord Nelson from His Manuscripts*, v. 2. Londres: Bensley, 1809, p. 431.
19. Nelson na Batalha de Trafalgar, 21 out. 1805, citado em Nicholas Harris Nicolas (Org.), *The Dispatches and Letters of Vice Admiral Lord Viscount Nelson*, v. 7, *August to October 1805*. Londres: Henry Colburn, 1846, p. 14.
20. Terry Coleman, *The Nelson Touch*, op. cit., p. 261
21. John Sugden, *Nelson: The Sword of Albion*, op. cit., pp. 827-8.
22. Ibid., p. 832.

3. WINSTON CHURCHILL [pp. 59-72]

1. Citação no diário particular do rei George VI, 10 maio 1940, Arquivos Reais, Castelo de Windsor.
2. Walter Thompson, *I Was Churchill's Shadow*. Londres: Christopher Johnson, 1951, p. 37.
3. Lorde Moran, *Winston Churchill: The Struggle for Survival*. Londres: Constable & Co., 1966, p. 324.
4. Ibid.
5. Winston S. Churchill, *The Second World War*, v. 1, *The Gathering Storm*. Boston: Houghton Mifflin, 1948, pp. 526-7.
6. A. G. Gardiner, *Pillars of Society*. Londres: JM Dent, 1913, p. 61.
7. Martin Gilbert, *In Search of Churchill*. Nova York: HarperCollins, 1994, p. 215.
8. Winston S. Churchill, *Great Contemporaries*, org. de James W. Muller. Wilmington: ISI Books, 2012, p. 235.
9. David Reynolds, *Summits: Six Meetings That Shaped the Twentieth Century*. Nova York: Basic Books, 2007, p. 57. Veja também Neville para Ida, 19 set. 1938, Documentos de Neville Chamberlain 18/11/1069, The National Archives: The Cabinet Office Papers.
10. Winston S. Churchill, *The Second World War*, op. cit., v. 1, *The Gathering Storm*, p. 75.
11. Winston S. Churchill, *The River War*, v. 1. Londres: Longmans, Green and Co., 1899, p. 37.
12. Anthony Montague Browne, *Long Sunset: Memoirs of Winston Churchill's Last Private Secretary*. Londres: Cassell, 1995, p. 119.
13. Hastings Lionel Ismay, *The Memoirs of Lord Ismay*. Nova York: Viking Press, 1960, pp. 183-4.
14. Winston S. Churchill, *Winston Churchill: Thoughts and Adventures*, org. de James W. Muller. Wilmington: ISI Books, 2009, p. 9.

15. Winston S. Churchill, "A Second Choice". In: ibid., p. 10.
16. Carta de Winston a Clementine. In: Mary Soames (Org.), *Speaking for Themselves: The Personal Letters of Winston and Clementine Churchill*. Nova York: Doubleday, 1999, p. 149.
17. John Colville, *The Fringes of Power: Downing Street Diaries, 1939-1955*. Nova York: W. W. Norton & Co., 1986, pp. 432-3.
18. James Leasor, *War at the Top*. Londres: Michael Joseph, 1959, p. 148n1.
19. Debate na Câmara dos Comuns, 15 jun. 1944, *Hansard*, v. 400, cc. 2293--300.

4. ADOLF HITLER [pp. 73-95]

1. Adolf Hitler, *Hitler's Table Talk, 1941-44: His Private Conversations*, org. de Hugh Trevor-Roper. Nova York: Enigma Books, 2007, p. 356.
2. Ibid., p. 443.
3. Ibid., p. 233.
4. Ibid., pp. 682-3.
5. Ibid., p. 241.
6. Ibid., p. 245.
7. Ibid., p. 126.
8. Ibid., p. 252.
9. Ibid., p. 359.
10. Ibid., p. 360.
11. Ibid., p. 188.
12. Ibid., p. 397.
13. Ibid., p. 545.
14. Ibid., p. 236.
15. Ibid., p. 249.
16. Ibid., p. 250.
17. Ibid., p. 195.
18. Ibid., p. 194.
19. Adolf Hitler, *Mein Kampf*. Boston: Houghton Mifflin, 1998, p. 289.
20. Laurence Rees, *The Holocaust: A New History*. Nova York: Public-Affairs, 2017, p. 59.
21. Ian Kershaw, *Hitler: A Biography*. Nova York: W. W. Norton & Co., 2008, p. 562.
22. Adolf Hitler, *Hitler's Table Talk*, op. cit., p. 241.
23. Ian Kershaw, *Hitler*, op. cit., p. 649.

24. Adolf Hitler, Discurso sobre Stalingrado, 30 set. 1942. In: Laurence Rees, *Hitler's Charisma: Leading Millions into the Abyss*. Nova York: Pantheon Books, 2012, p. 268.
25. Adolf Hitler, *Hitler's Table Talk*, op. cit., p. 145.
26. Ibid., p. 79.
27. Ibid., p. 87.
28. Ibid., p. 332.
29. Adolf Hitler, Discurso diante dos Reichsleiters e Gauleiters, 4 ago. 1944. In: Max Domarus, *The Essential Hitler: Speeches and Commentary*, org. de Patrick Romane. Wauconda: Bolchazy-Carducci Publishers, 2007, p. 791.
30. Adolf Hitler, *Hitler's Table Talk*, op. cit., p. 196.
31. Ferenc A. Vajda e Peter G. Dancey, *German Aircraft Industry and Production: 1933-1945*. Warrendale: Society of Automotive Engineers, 1998, p. 101.
32. Certidão de casamento de Adolf Hitler, 29 abr. 1945, coleção William Russell Philip (Quadro 9, item 7), Biblioteca e Arquivos da Hoover Institution.

5. IÓSSIF STÁLIN [pp. 96-118]

1. Alan Bullock, *Hitler and Stalin: Parallel Lives*. Nova York: Harper-Collins, 1991, p. 511.
2. Simon Sebag Montefiore, *Stalin: The Court of the Red Tsar*. Nova York: Vintage Books, 2003, p. 219.
3. Ióssif Stálin, "Morning", citado em Robert Service, *Stalin: A Biography*. Cambridge: Harvard University Press, 2005, p. 38.
4. Stephen Kotkin, *Stalin*, v. 1, *Paradoxes of Power, 1878-1928*. Nova York: Penguin, 2014, p. 8-9.
5. Ióssif Stálin, "Industrialisation and the Grain Problem", 9 jul. 1928, citado em Evan Mawdsley, *The Stalin Years: The Soviet Union, 1929-1953*. Manchester: Manchester University Press, 1998, p. 120.
6. Stephen Kotkin, *Stalin*, v. 1, *Paradoxes of Power*, op. cit., p. 732.
7. Robert Gellately, *Stalin's Curse: Battling for Communism in War and Cold War*. Nova York: Vintage, 2013, p. 7.
8. Ióssif Stálin, "Report on the Work of the Central Committee to the Eighteenth Congress of the C.P.S.U. (B.)", 10 mar. 1939, em J. V. Stálin, *Works, 1939-1940*, v. 14. Londres: Red Star Press, 1978.
9. Robert Service, *Stalin*, op. cit., p. 410.
10. Ibid., p. 411.

11. Ibid., p. 421.
12. Ibid.
13. Lewis E. Lehrman, *Churchill, Roosevelt & Company: Studies in Character and Statecraft*. Mechanicsburg: Stackpole Books, 2017, p. 6.
14. Amos Perlmutter, *FDR & Stalin: A Not So Grand Alliance, 1943-1945*. Columbia: University of Missouri, 1993, p. 139.
15. Robert Service, *Stalin*, op. cit., p. 428.
16. Ibid., p. 454.
17. Albert Axell, *Stalin's War: Through the Eyes of His Commanders*. Londres: Arms and Armor Press, 1997, p. 139.
18. Frank Roberts, citado em prefácio de Arthur M. Schlesinger Jr., em Susan Butler (Org.), *My Dear Mr. Stalin: The Complete Correspondence of Franklin D. Roosevelt and Joseph V. Stalin*. New Haven: Yale University Press, 2005, p. x.
19. Carta de Roosevelt a Churchill, 18 mar. 1942, em Warren F. Kimball (Org.), *Churchill and Roosevelt: The Complete Correspondence*, v. 1. Princeton: Princeton University Press, 2015, pp. 420-1.
20. Richard Overy, "A Curious Correspondence", uma crítica de *My Dear Mr. Stalin*, de Susan Butler (Org.), em *Literary Review*, maio 2006, pp. 20-1.
21. Susan Butler, *My Dear Mr. Stalin*, op. cit., p. 280.
22. Carta de Roosevelt a Stálin, 25 jan. 1943, em Susan Butler, *My Dear Mr. Stalin*, op. cit., p. 113.
23. Simon Sebag Montefiore, *Stalin: The Court of the Red Tsar*, op. cit., p. 43.
24. Antony Beevor, *The Second World War*. Nova York: Hachette, 2012, p. 689.
25. Stephen Kotkin, *Stalin: Paradoxes of Power*, op. cit., p. 735.
26. Raymond Carr, "The Nature of the Beast", uma crítica de *Stalin*, de Robert Service, em *The Spectator*, 4 dez. 2004.

6. GEORGE C. MARSHALL [pp. 119-38]

1. Carta da esposa a Churchill, em Mary Soames (Org.), *Speaking for Themselves: The Personal Letters of Winston and Clementine*. Nova York: Doubleday, 1999, p. 546.
2. Ibid.
3. Ibid., p. 548.
4. Roger Daniels, *Franklin D. Roosevelt: The War Years, 1939-1945*. Champaign: University of Illinois Press, 2016, p. 373.

5. Katherine Tupper Marshall, *Together: Annals of an Army Wife*. Nova York: Tupper & Love, Inc., 1946, p. 110.
6. Ibid.
7. Albert C. Wedemeyer, *Wedemeyer Reports!* Nova York: Henry Holt, 1958, p. 132.
8. Ibid., p. 105.
9. Ibid., p. 132.
10. Ibid., p. 133.
11. Ibid., p. 134.
12. Franklin D. Roosevelt, Memorando para Marshall, 16 jul. 1942, citado em Winston S. Churchill, *The Hinge of Fate*. Londres: Weidenfeld e Nicolson, 2001, p. 399.
13. Lewis E. Lehrman, *Churchill, Roosevelt & Company: Studies in Character and Statecraft*. Mechanicsburg: Stackpole Books, 2017, p. 70.
14. Marechal de campo lorde Alanbrooke, *War Diaries 1939-1945*, org. de Alex Danchev e Daniel Todman. Berkeley: University of California Press, 2003, p. 680.
15. Martin Gilbert, *Winston S. Churchill*, v. 7, *Road to Victory, 1941-1945*. Boston: Houghton Mifflin, 1986, p. 843.
16. Winston S. Churchill, *The Hinge of Fate*, op. cit., p. 344.

7. CHARLES DE GAULLE [pp. 139-55]

1. Jean Lacouture, *De Gaulle: The Rebel 1890-1944*, v. 1. Nova York: W. W. Norton & Co., 1990, p. 220.
2. Julian Jackson, *De Gaulle*. Cambridge: Belknap Press, 2018, pp. 48, 58.
3. Ibid., p. 132.
4. Jonathan Fenby, *The General: Charles de Gaulle and the France He Saved*. Nova York: Skyhorse Publishing, 2012, p. 495.
5. De Gaulle no funeral da filha caçula, Anne, fev. 1948, citado em Jean Lacouture, *De Gaulle*, op. cit., p. 142.
6. Jonathan Fenby, *The History of Modern France: From the Revolution to the War with Terror*. Nova York: St. Martin's Press, 2015, p. 461.
7. Transmissão do rádio de De Gaulle, 18 jun. 1940, citado em Lacouture, *De Gaulle*, pp. 224-5.
8. Charles de Gaulle, *The Complete War Memoirs of Charles de Gaulle*. Nova York: Simon & Schuster, 1964, p. 92.
9. Arthur J. Marder, *Operation Menace: The Dakar Expedition and the Dudley North Affair*. Nova York: Oxford University Press, 1976, p. 143.

10. Julian Jackson, *De Gaulle*, op. cit., passim.
11. Robert Tombs e Isabelle Tombs, *That Sweet Enemy: The French and the British from the Sun King to the Present*. Nova York: Knopf, 2006, p. 569. Ver também Alain Larcan, *De Gaulle inventaire: La culture, l'esprit, la foi*. Paris: Bartillat, 2003, p. 490.
12. Winston S. Churchill, *Great Contemporaries*. Londres: Thornton Butterworth Limited, 1937, p. 137.
13. Richard M. Langworth, *Churchill's Wit*. Londres: Ebury, 2009, p. 69.
14. Sir Edward Louis Spears, *Fulfilment of a Mission*. Hamden: Archon, 1977, p. 121.
15. François Kersaudy, *Churchill and De Gaulle*. Londres: Collins, 1981, p. 127.
16. William Craig, *Enemy at the Gates: The Battle for Stalingrad*. Nova York: Reader's Digest Press, 1973, p. xv.
17. Carta de Roosevelt a Churchill, 17 jun. 1943, em Warren F. Kimball (Org.), *Churchill and Roosevelt: The Complete Correspondence*, v. 2. Princeton: Princeton University Press, 2015, p. 255.
18. Ibid.
19. Lewis E. Lehrman, *Churchill, Roosevelt & Company: Studies in Character and Statecraft*. Mechanicsburg: Stackpole Books, 2017, p. 201.
20. Julian Jackson, *A Certain Idea of France: The Life of Charles de Gaulle*. Londres: Allen Lane, 2018, p. 772.
21. John Keegan, *The Second World War*. Londres: Pimlico, 1997, p. 308.
22. Discurso de De Gaulle após a libertação de Paris, 25 ago. 1944, citado em Fenby, *The General*, p. 254.
23. Omar Bradley, "The German: After a Triumphant Sweep Across France". *Life*, 23 abr. 1951, p. 89.
24. Charles de Gaulle, *War Memoirs*, v. 1, trad. Jonathan Griffin. Nova York: Viking Press, 1955, p. 9.
25. Paul Johnson, "Sinister March of the Tall Fellow". *Standpoint*, dez. 2015.
26. Réplica de Arletty durante sua prisão, 20 out. 1944.

8. DWIGHT D. EISENHOWER [pp. 156-75]

1. Bernard Montgomery de Alamein, *The Memoirs of Field Marshal Montgomery*. Londres: Collins, 1958, p. 484.
2. Marechal de campo lorde Alanbrooke, *War Diaries 1939-1945*, org. de Alex Danchev e Daniel Todman. Berkeley: University of California Press, 2003, p. 546.

3. Rick Atkinson, "Eisenhower Rising: The Ascent of an Uncommon Man". Palestra no Harmon Memorial, Academia da Força Aérea dos Estados Unidos, 5 mar. 2013. Disponível em: <http://www.usafa.edu/app/uploads/Harmon55.pdf>.
4. James Leasor, *War at the Top*. Cornwall: House of Stratus, 2001, p. 298n20.
5. Rick Atkinson, *The Guns at Last Light: The War in Western Europe, 1944-1945*. Nova York: Henry Holt, 2013, pp. 11-2.
6. John Colville, *The Fringes of Power: Downing Street Diaries, 1939-1955*. Nova York: W. W. Norton & Co., 1986, pp. 674-5.
7. Jean Edward Smith, *Eisenhower: In War and Peace*. Nova York: Random House, 2012, p. 415.
8. Stephen E. Ambrose, *Americans at War*. Nova York: Berkley Books, 1997, p. 96.
9. Stephen E. Ambrose, *The Supreme Commander*. Nova York: Anchor Books, 2012, p. 229.
10. Rick Atkinson, "Eisenhower Rising", op. cit.
11. Rick Atkinson, *The Guns at Last Light*, op. cit., p. 29.
12. Winston S. Churchill, *The Second World War*, v. 6, *Triumph and Tragedy*. Boston: Houghton Mifflin, 1953, p. 547.
13. Correlli Barnett, *The Lords of War: From Lincoln to Churchill*. Londres: The Praetorian Press, 2012, p. 223.
14. Stephen E. Ambrose, *Eisenhower: Soldier and President*. Nova York: Simon & Schuster, 1990, p. 126.
15. Carta de George Patton à esposa, Beatrice, 8 set. 1944, citada em Martin Blumenson e Kevin M. Hymel, *Patton: Legendary Commander*. Washington: Potomac Books, 2008, p. 68.
16. Stephen E. Ambrose, *Americans at War*, op. cit., p. 136.
17. Rick Atkinson, "Eisenhower Rising", op. cit.
18. Ibid.
19. Ibid.
20. Stephen E. Ambrose, *Eisenhower*, op. cit., p. 95.
21. Correlli Barnett, *The Lords of War*, op. cit., p. 227.
22. David Irving, *The War Between the Generals*. Nova York: Congdon e Lattes, 1981, p. 94.
23. Correlli Barnett, *The Lords of War*, op. cit., p. 229.
24. Telegrama de Churchill a Roosevelt, 1º abr. 1945, em Francis L. Loewenheim, Harold D. Langley e Manfred Jonas (Orgs.), *Roosevelt and Churchill: Their Secret Wartime Correspondence*. Nova York: Saturday Review Press, 1975, p. 699.

25. Rick Atkinson, "Eisenhower Rising", op. cit.
26. Ibid.
27. Ibid.
28. Ibid. Veja também "To General of the Army Dwight D. Eisenhower, May 7, 1945", em *The Papers of George Catlett Marshall*, v. 5. Baltimore: Johns Hopkins University Press, 2003, pp. 168-9.

9. MARGARET THATCHER [pp. 176-93]

1. Sir Lawrence Freedman, *The Official History of the Falklands Campaign*, v. 2. Londres: Routledge, 2005, p. 132.
2. Jorge Luis Borges, citado em *Time*, 14 fev. 1983.
3. Sean Penn, "The Falklands/Falklands: Diplomacy Interrupted". *The Guardian*, 23 fev. 2012.
4. Max Hastings e Simon Jenkins, *The Battle for the Falklands*. Londres: Pan Books, 2010, p. 16.
5. Thatcher Archive: Transcrição do COI, Entrevista para a Associação de Imprensa, "10th Anniversary as Prime Minister", 3 maio 1989. Disponível em: <https://www.margaretthatcher.org/document/107427>.
6. Max Hastings e Simon Jenkins, *The Battle for the Falklands*, op. cit., p. 85.
7. Norman Longmate, *Island Fortress: The Defence of Great Britain, 1603--1945*. Londres: Random House, 2001, p. 267.
8. Antony Beevor, *Crete: The Battle and the Resistance*. Nova York: Penguin Books, 1991, p. 217.
9. Max Hastings e Simon Jenkins, *The Battle for the Falklands*, op. cit., p. 85.
10. Ibid., p. 90.
11. Ibid., p. 91.
12. Ibid., p. 102.
13. Ibid., p. 164.
14. Ibid., p. 165.
15. Ibid., p. 187.
16. Carol Thatcher, *Below the Parapet: The Biography of Denis Thatcher*. Londres: Harper-Collins, 1997, p. 188.
17. Ibid., p. 320.
18. Ibid., p. 364.
19. Thatcher a Sir Anthony Parsons, 18 abr. 1982, citado em Charles Moore, *Margaret Thatcher: The Authorized Biography*, v. 1. Nova York: Knopf, 2013, pp. 696-7.

20. Debate na Câmara dos Comuns, 14 jun. 1982, *Hansard*, v. 25, cc700-2.
21. Debate na Câmara dos Comuns, 17 jun. 1982, *Hansard*, v. 25, cc1080-4.
22. Thatcher Archive: CCOPR 486/82, "Speech to Conservative Rally at Cheltenham", 3 jul. 1982. Disponível em: <https://www.margaretthatcher.org/document/104989>.

CONCLUSÃO: O PARADIGMA DA LIDERANÇA [pp. 195-215]

1. Winston S. Churchill, *The World Crisis*, v. 4, *The Aftermath, 1918-1928*. Nova York: Charles Scribner's Sons, 1929, p. 451.
2. Documentos de sir Edward Marsh, v. 1, Churchill Archives Center, Churchill College, Cambridge.
3. Adolf Hitler, *Mein Kampf*. Archive Media Publishing, 1939, p. 19. Veja também David Dilks, *Churchill and Company: Allies and Rivals in War and Peace*. Londres: IB Tauris & Co., 2015, p. 267.
4. Cathal J. Nolan, *The Allure of Battle*. Nova York: Oxford University Press, 2017, passim.
5. Randolph Churchill, *Winston S. Churchill, Companion Volume 1, Part 2: 1896-1900*. Boston: Houghton Mifflin, 1967, p. 839.
6. James Gray Stuart, *Within the Fringe: An Autobiography*. Londres: Bodley Head, 1967, p. 96.
7. William I. Hitchcock, *The Age of Eisenhower: America and the World in the 1950s*. Nova York: Simon & Schuster, 2019, p. xix.
8. Discurso da campanha de Roosevelt em Boston, 30 out. 1940, Master Speech File: Caixa 55, 1330A. Disponível em: <https://fdrlibrary.org/>.
9. Basil Liddell Hart, *Thoughts on War*. Londres: Faber & Faber, 1944, p. 222.
10. John A. Adams, *The Battle for Western Europe*. Bloomington: Indiana University Press, 2010, p. 200.
11. Napoleão Bonaparte, *Correspondance de Napoléon Ier*, org. de Henri Plon, v. 32. Paris, Imprimerie Impériale, 1858, p. 68.
12. Richard Nixon, *Leaders*. Nova York: Warner Books, 1982, p. 4.
13. Sun Tzu, *The Art of War*, trad. Lionel Giles. Publicado independentemente, 2017, p. 10.
14. Colin White (Org.), *Nelson: The New Letters*. Martlesham: The Boydell Press, 2005, pp. 160-1.
15. Ibid., p. 46.
16. A. J. P. Taylor, *Bismarck: The Man and the Statesman*. Nova York: Vintage, 1967, p. 115.

17. Hastings Lionel Ismay, *The Memoirs of Lord Ismay*. Nova York: Viking Press, 1960, p. 139.
18. Ibid., p. 140.
19. Ibid., p. 142.
20. Winston S. Churchill, *Great Contemporaries*. Londres: The Reprint Society, 1941, p. 304.
21. Winston S. Churchill, "Haig... the Man They Trusted". *Daily Mail*, 3 out. 1935, *Daily Mail* Historical Archive.
22. O sábio conselho de Churchill a um estudante americano de intercâmbio, em Martin Gilbert, *Winston S. Churchill: Never Despair, 1945-1965*. Londres: Heinemann, 1966, p. 835. Veja também as lembranças do americano em James C. Humes, *Churchill: Speaker of the Century*. Nova York: Stein e Day, 1980, p. vii.
23. Terry Coleman, *The Nelson Touch: The Life and Legend of Horatio Nelson*. Nova York: Oxford University Press, 2002, p. 7.

TIPOLOGIA Miller
DIAGRAMAÇÃO Osmane Garcia Filho
PAPEL Pólen Soft, Suzano S.A.
IMPRESSÃO Lis Gráfica, outubro de 2021

A marca FSC® é a garantia de que a madeira utilizada na fabricação do papel deste livro provém de florestas que foram gerenciadas de maneira ambientalmente correta, socialmente justa e economicamente viável, além de outras fontes de origem controlada.